류시의

녹색글방

金相芬 수필집

교음사

| 책을 열면서 |

작은 정원을 떠난 지 벌써 몇 해인지 아득합니다. 아끼고 사랑했던 나무와 꽃과 풀들을 노을공원과 경의선 숲길로 보내고 이제는 그리움만 남았습니다. 추억이란 얼마나 소중한 것인지요. 더구나 살아있는 생명을 키우는 나날이었음에야… 되돌아보아도 가슴 따듯해지는 순간들을 회억하며 그곳에서 꿈꾸었던 소박한 사유들을 참으로 오랜만에 공들여 묶어봅니다. 힘들고 지칠 때면 태평농법이라고 자탄을 하면서도 그만큼 자연을 보호하며 지구의 한구석이라도 사랑했습니다. 그렇게 이십여 년을 흙과 한 덩어리 되어 살면서 호미로 써 내려간 이야기들의 속편입니다. 날마다 돋아나는 잡초를 뽑아낸 만큼 부드러워진 흙에다 생각을 심고 키우며 지내던 시절, 그때 만들었던 『류시의 작은 정원』, 『겨울정원』과 『글밭에서』 이후의 작품들이지요. 이따금 멀리 아주 멀리 날아가서 보고 느끼고 깨달은 것들도 그곳의 허름한 농막, 녹색글방에서 꽃나무를 키우듯 소중하게 다듬었습니다.

젊음을 송두리째 두고 온 독일에도 다녀왔습니다. 고향처럼 많이 그리워했었지요. 그러나 그곳은 아직도 낯선 먼 곳이었습니다. 청춘의 날에 배운 언어로 더 많은 것을 보고 느낄 수는 있었겠지만 보이는 것이다 참은 아니었습니다. 차라리 말이 잘 통하지 않아도 보이는 대로 느껴지는 대로 어쩌면 그래서 자유로웠던 다른 나라 미지의 길에서 더 행복했습니다. 그때마다 더욱 마음을 비우게 되고 내 나라 내 조국 내 집으로 돌아오면서 느끼는 안도와 평화 그리고 깊이 감사한 그것을 깨닫기 위해 떠남을 확인합니다.

'류시의 작은 정원'은 이제 그 옛날 난초지초 피어나던 난지도가 있던 자리, 하늘공원 옆 노을공원과 경의선 숲길에서 다시 피어나고 있습니다. 서울 시민의 쉼터에서 양화진 노을을 굽어보며 뿌리를 내린 나의 어린 풀꽃들과 경의선 숲길의 해묵은 매화나무는 그 향기로움이 오래도록 멀리멀리 퍼질 것입니다.

여물지 못한 사유를 호미로 캐고 전정가위로 웃자란 가지를 자르듯 '오만과 편견'을 버리려 애썼던 나날들이 어제 같습니다. 돌아보면 늘 그 자리에 서 있음에 부끄럽지만, 다음엔 몇 발자국 더 멀리 갈 수 있으리라는 꿈과 희망으로 작은 매듭 하나 지어봅니다.

녹색글방에서 金相芬

| 金相芬 수필집 |

녹색글방

- 책을 열면서
- 차 례

1 녹색글방

2 가마솥에서 옹솥가기

3 명사십리

4 다시 그 길에 서다

5 잃어버린 봄

1

녹색글방

잡풀처럼 끝없이 샘솟는 근심 걱정을 비우고 또 비우고 닦고 또 닦는 세월 동안 내가 구한 깨달음은 무엇이었을까. 비록 손안에 이렇다 할 것도 별로 없지만 이곳에서 이루어진 만남의 인연들은 내게 더없이 큰 보람이었다. 글동무들이 모여 글을 읽고 감상하는 동안에 거둔 보람은 결코 돈으로 살 수 없는 기쁨이었다. 한 편의 글을 대할 때마다 한 사람을 만나게 된다. 한 사람을 만나는 것은 그 한 사람의 삶과 대면하는 것이기도 하다.

녹색글방

시골에서 일하면서 글감을 찾을 때가 많다. 놀면서 일하고 일하면서 논다고 모두들 은근히 부러워하기도 한다. 무슨 음덕을 쌓았기에 그리 복이 많으냐고 한술 더 뜨는 사람도 있다. 남의 말은 다 쉽다. 음풍농월이란 비아냥에도 아무런 대꾸를 못 하는 속사정을 누가 알아주리. 봄이면 꽃이 피고 새 울면 여름이 되니 사시장철 보이는 것만 줄줄이 써 나가도 글이 저절로 될 텐데 무얼 그리 끙끙대느냐는 투이다. 아무리 겉볼안이라고 해도 겉보기에나 그럴듯하지 속도 그리 쉬울까. 글이 그렇게 맘대로 써지지 않는 것은 그대도 마찬가지이리. 어리석은 나는 흙에서 무슨 보물이라도 캐어낼 듯 애꿎은 호미만 닦달을 한다. 나의 두 눈이 밝아지고 들을 귀가 열리기를 바랄 뿐, 내 온 영혼과 정신을 다 바쳐 치열하게 써보았는가 늘 자책하곤 한다.

텃밭 한 귀퉁이에 허름한 농막을 세우고 나서 나름 멋진 작가의 방을 꿈꾸어 보았다. 낡고 오래되었지만 마음대로 책을 벌려놓아도 될 만큼 큰 책상과 의자를 구해다 놓고는 얼마나 기뻤는지. 배불뚝이 모니터와 연결된 고물 컴퓨터 옆에 작은 라디오까지 구색을 갖추어 놓았다. 이제는 향기로운 커피 한 잔만 앞에 놓으면 타닥타닥 글이 심어질 줄 알았다. 그러나 긴 세월 동안 그 책상에서 대체 몇 줄의 글을 쓸 수 있었을까. 내가 할 수 있었던 것은 오직 끝없이 돋아나는 풀과의 씨름이었다. 하기는 흙바닥에 주저앉아 호미로 캐어낸 생각들이 나의 글이고 작품이 되었는지도 모른다. 서투른 농사일이 버거워 김을 매는지 풀씨를 퍼뜨리는지 구분을 못하면서 전전긍긍하기를 십수 년. 한 번도 그 책상에 앉아 한가로이 초록빛 창밖 풍경을 감상할 새도 없었다.

관상수 재배로도 재미를 보지 못하게 된 다음 눈을 뜨게 된 원예치료정원은 어쩌면 구원의 손길이었다. 누군가를 보듬어주어야 할 본분보다 스스로가 치유 받은 자정의 공간을 찾았다고 할까. 식물을 키우고 관리하며 감상하는 과정에서 얻는 몸과 마음 그리고 영혼까지도 다스려지는 원예치료[Garden Therapy]. 그 일에 몰입하는 동안 작가의 방은 자연스레 풀밭으로 옮겨진 셈이다. 흙이 나의 책상이고 호미가 나의 펜이 되었다고나 할까. 식물과 인간 그리고 그것을 둘러싼 환경의 범주 안에서 이 작은 내가 할 수 있는 일을 찾아 애를 썼다. 이재에 밝지 못한 내 능력의 한계를 알면서도 그래도 무엇인가 보람을 찾기 위하여. 한 자 한 자 글을 심듯이 씨를 뿌리고 문장과 문단을 이어가며 한 편의 글을 구성하듯이 고랑을 내며 밭을 일구었다. 나무가 웃자라면 가지치기를 하듯이 지나친 수식이나 표현들을 가려내며 퇴고를 했다. 제법 그럴듯한 문장이어도 주제에서 어긋나면 길 한가운데 솟아있는 잡초를 솎아 내듯이 미련 없이 잘라내면서.

잡풀처럼 끝없이 샘솟는 근심 걱정을 비우고 또 비우고 닦고 또 닦는 세월 동안 내가 구한 깨달음은 무엇이었을까. 비록 손안에 이렇다 할 것도 별로 없지만 이곳에서 이루어진 만남의 인연들은 내게 더없이 큰 보람이었다. 글동무들이 모여 글을 읽고 감상하는 동안에 거둔 보람은 결코 돈으로 살 수 없는 기쁨이었다. 한 편의 글을 대할 때마다 한 사람을 만나게 된다. 한 사람을 만나는 것은 그 한 사람의 삶과 대면하는 것이기도 하다. 그가 꼭 나와 같기를 바라지는 않았다. 오히려 다른 너와 그를 만나면서 나는 그들의 사유와 언어를 보고 들으며 배웠다. 때로는 나와 다른 그들을 인정하기 위해서 예각으로 곧추선 나의 판단력을 둥글게 만들어 보려고 애를 썼다. 이따금 바람처럼 휘젓는 인연 또한 감당해야 할 몫이었다.

지치고 힘들 때 초록빛 생명들에게서 받은 위로, 자연의 한없는 넉넉함 속에 되찾을 수 있었던 평화를 이 세상 또 어디에서 구할까. 아픔은 옹이가 되고 그럴 때마다 한 마디씩 커가는 나무를 닮고 싶었고 한 둘레의 둥그런 목리문을 새기며 마음을 다스렸다.

여름 화단이 오늘따라 더 푸르게 보인다. 옥비녀 꽃은 아직 잎만 무성한데 원추리는 그 아래서 꽃대를 한껏 올리며 접시돌리기를 하는 듯하다. 비비추도 벌써 성급하게 보랏빛 꽃대궁을 세우고 있다. 여러해살이 숙근초가 스스로 뿌리를 늘려가는 냉엄한 생존본능, 더위나 추위를 이겨내는 적자생존의 법칙 앞에 새삼스레 겸허해질 뿐이다. 나의 삶이 나의 글이 그렇게 뿌리 깊어지기를 아직도 철없이 꿈꾸고 있다. 떠오르는 영감과 감성의 조각들을 옮겨서 기록할 수 있는 곳이라면 어딘들 어떠하랴. 따뜻한 가슴과 차가운 이성의 머리, 그 사이에 존재하는 자유로운 영적 공간이 어쩌면 나만의 글방인지도 모른다. 어머니 대지가 허락해주신 소박하고 허름한 초록빛 글방에서 더욱 깊은 우물을 파야 할 것이다. 맑고 차가운 영혼의 샘물을 퍼 올릴 수 있기까지 끝없이 정진하면서…

『선수필』 2016 봄

곤줄박이

고추 모종을 하려고 고랑을 낸다. 호미질을 할 때마다 지렁이며 애벌레들이 꿈틀거려 징그럽지만 기름진 흙이어서 그러려니 한다. 처음 농사를 짓기 시작했을 때는 소리를 지르며 호들갑을 떨었는데 이제 그런 정도는 보통이다. 오디나무가 무성하게 자라서 따지 못하는 열매들이 새까맣게 떨어져 좋은 거름이 되나 보다. 한종일 그늘을 만드는 휘늘어진 가지들을 잘라내고 햇빛이 잘 드는 자리를 만들어 고추를 심을 요량이다. 몇 해 전 다된 고추 농사를 탄저병으로 못쓰게 만든 다음엔 아예 단념했는데 왠지 올해는 여남은 포기라도 다시 심어보고 싶으니 세월이 약인가 보다.

몇 포기를 심어도 줄을 맞추어 밭고랑을 내며 북을 돋우는데 곤줄박이 한 마리가 쏜살같이 날아와 앉는다. 혼자서 심심하게 일하다가 반갑기 그지없나. 침새보다 조금은 크고 검은 머리와 적갈색의 윤기 흐르는 통통한 배가 깜찍하다. 참새목 박샛과에 속하는 이 작은 텃새는 유난히 사람을 가까이한다. 오두막 앞에서 쉬면서 새참을 먹을 때면 어김없이 날아온다. 매실 가지마다 포르르 옮겨 다니면서 주위를 맴돌며 빵부스러기를 쪼아 먹는 모습이 무척 귀엽다. 가슴에 하얀 반점을 자랑하는 몸짓으로 배를 내밀기도 하며 겁도 없이 무릎 위까지 올라와서 깡충대기도 한다.

그런데 지금 아주 놀라운 일이 일어났다. 곤두박질을 치며 내려와 부리로 흙을 쑤셔대며 애벌레를 쪼아 먹으니 너무도 뜻밖이었다. 봄내 매화꽃 가지 위에서 재롱을 부리던 자태와는 전혀 다른 모습에 어안이 벙벙하다. 애벌레들을 실컷 잡아먹고는 호미 끝에서 죽은 척 꿈쩍도 하지 않던 굼벵이까지 입에 물고 휙 날아가 버린다. 그동안의 사랑스러운 모습들이 순식간에 사라진다. 굼벵이도 기는 재주는 있다던데 잽싼 날짐승을 어찌 당하랴. 한입에 낚아채 올라가는 약육강식의 엄연한 질서를 어찌하리. 아니 그것이 순리인가. 바로 눈앞에서 무서운 먹이사슬의 고리를 확인하며 곤줄박이가 날아간 벚나무 위를 하릴없이 올려다본다.

우리가 사물을 볼 때 보이는 것이 다 아닌 것을 깨닫는 순간이다. 겉모습이 아무리 곱다 해도 고픈 속은 채워야 하리. 생존을 위한 먹이 사냥 앞에 무슨 다른 방도가 있으랴. 나의 새참 부스러기야 군것질에 지나지 않고 나와는 잠시 휴식을 취했던 것인지도 모른다. 더 큰 먹이를 찾기 위한 기다림으로 뱃심을 기르고 있었을까. 창공을 훨훨 날아다니는 새들의 자유로운 날갯짓도 다시 보인다. 생존경쟁에서 살아남고 짝을 찾으며 새끼를 먹여 살리려는 필사적인 행위가 아닌가. 새 중의 새 독수리나 매는 물론이요, 선비처럼 고고한 모습의 백로 또한 먹이 앞에서는 본능으로부터 자유로울 수 없을 것이다. 호수에 유유자적 헤엄을 치며 한유를 즐기는 백조 이야기도 그렇다. 우아한 수면 위의 자태와는 달리 물밑에서는 두 다리를 버둥대며 수없이 물갈퀴 질을 해야 한다. 생각만 해도 얼마나 고달픈 모습인가. 세상만사가 보이는 것만이 참이 아닌 것을 오늘 저 곤줄박이가 내게 톡톡히 일러 주나 보다.

말 못 하는 저 미물만 그럴까. 사람도 마찬가지이다. 겉보기엔 우아하고 아름다운 차림으로 성장을 해도 몇 마디 이야기를 나누다 보면 어느새 그 사람에게 실망을 할 때가 있다. 그뿐이랴. 믿고 의지하며 정을 주던 친구도 어느 날 갑자기 돌변하기도 한다. 열 길 물속은 알아도 한 길 사람 속은 모른다 했듯이 겉과 속이 다른 모습을 보면 슬프다. 좋았던 친구 사이도 눈앞에 보이는 작은 이해타산이나 견해 차이 때문에 결별하기도 한다. 우리는 서로 다른 겉모양처럼 그 속마음도 서로 다를 수밖에 없는 각각의 개체이기 때문이다. 타인을 이해한다거나 포용하지 않으면 안 된다고 말하면서도 교만과 아집의 표리부동한 철옹성에 스스로를 숨긴다. 마치 나는 온전히 바르고 옳은 존재인 양 상대를 굽어보는 듯한 자세로 서 있는 것이다. 친구나 타인도 나를 향하여 비슷한 고뇌로 긴 밤을 새우지는 않을까. 아무리 올바른 생각을 하고 말하며 행동하여도 다른 누구에게는 피해가 되고 틀린 일이 될 수도 있기에 끝없이 갈등한다. 그러나 그 마음 비움이 허리 굽힘이 쉽지 않으니 어찌하리.

곤줄박이 한 마리가 나를 기쁘게도 했다가 슬프게도 한다. 귀엽고 사랑스럽기만 했던 존재도 역시 힘겨운 먹이사슬의 굴레 안에 살아가고 있음을 본다. 꽃잎 풀잎에 맺힌 이슬만 먹고 살 수는 없으리. 어리석은 나에게 작은 새 한 마리가 사물이나 인간의 미적 거리를 알려주며 그 실상과 허상을 생각하게 해준다. 작은 새가 날아간 하늘은 푸르기만 하고 흰 구름은 유유히 떠간다. 더 무엇을 생각하리. 나는 몇 포기의 고추나무를 심어서 꽃피고 열매가 달리기를 바라니 곤줄박이보다 무엇이 다르고 더 낫단 말인가.

『수필세계』 2017 여름

나의 벗, 맥문동

뻐꾸기 울고 장끼도 푸드덕 날아간다. 나는 그때 숲으로 들어간다. 나무 목木자가 둘이면 수풀 림林자가 되듯이 나의 작은 숲도 그런 모양새이지만 그렇게 부르기를 즐겨한다. 신록은 어느새 짙어져서 그늘이 깊다. 그곳에 겨우내 잠자던 나의 벗들은 이제 막 부리를 내밀며 봄을 찾아 나온다. 맥문동麥門冬이다. 곧게 뻗은 잎으로 눈비 바람을 막으며 땅 밑 뿌리를 지킨 모습이 대견하다. 쌓인 눈 속에서도 푸르다가, 겨우내 지친 묵은 잎들이 갈변하면 그 한 가운데서 새 잎눈이 솟아난다. 손 갈퀴를 단단히 쥐고 어린 눈들을 다치지 않도록 살살 묵은 잎들을 긁어낸다. 산야에 지천으로 퍼져있는 흔한 풀이 나의 정원에서 이렇게 귀한 대접을 받는 것은 그에 대한 나의 애정이 그만큼 깊은 탓이리.

정원을 꾸밀 때 처음부터 키 큰 벚나무와 목련 나무들 사이로 오솔길을 만들었다. 길에서 양지쪽으로는 옥잠화를 음지에는 맥문동을 무리 지어 심어 초록빛 아로마 테라피, 향기 치료의 숲을 이루는 것이 나의 작은 꿈이었다. 옥잠화가 피는 한여름 밤이면 숲에서 낭만 발레 「지젤」이 펼쳐지곤 했다. 눈부시게 하얀 튀튀*를 입고 우아한 동작으로 줄을 맞추어 추는 윌리들의 군무는 더없이 화려하다. 그러나 밤이 지나 종이 울리면 지젤과 알브레히트의 사랑처럼 옥잠화는 지고 만다. 꽃이 피는 한 열흘 간의 군무가 끝나면, 화무십일홍의 그 허망함에 숲은 쓸쓸하다. 그러나 나의 벗 맥문동이 있지 않은가. 한결같은 초록의 의지와 강건함으로 나를 위로하고 격려해 준다.

난초 잎을 닮은 운치와 성장 생리가 점점 더 맘에 든다. 지피식물인 맥문동은 나무 그늘에서도 잘 자란다. 눈 속에서도 푸른 절개를 보여준다. 그뿐인가. 땅속으로 뻗어가는 뿌리는 몇 해마다 분주를 해야 할 정도로 잘 퍼진다. 몇십 포기로 시작한 것이 오백 평이 남짓한 원예치료정원의 반을 채웠으니 대단한 번식력이 아닌가. 풀도 아니고 꽃도 아니라고 푸대접을 받기 쉽지만, 사람들이 수수한 그 진가를 모를 뿐이다.

관상 가치로는 단연 잎이지만 늦여름에 조용히 올라오는 꽃대는 연보랏빛으로 아리잠직한 시골 여인 같다. 뿌리는 한방 약재로 소염, 진해, 거담제 및 강심제로도 쓰이고 잎이나 열매를 효소로 만들어 음료로 마시기도 한다. 잎에서 뿌리까지 하나도 버릴 것이 없다.

조경 분야에서도 그 가치를 인정받는다. 큰 소나무 밑에 영산홍이나 회양목을 바위 사이에 심는 양식이 유행일 때도 있었지만 이즈음의 경향은 훨씬 더 자연 친화적이다. 영산홍 아래 회양목을 심는 대신 맥문동으로 마감을 한다. 관상 가치나 경제성이야 회양목이 더하고 볼품도 좋지만 느린 생장 속도로 채산성이 맞지 않는 데 대한 대안이 탁월하지 않은가. 자연의 한 자락을 옮겨 놓은 듯한 작은 정원에서 깊은 숲의 이야기를 읽는다. 가뭄에도 잘 견디고 홍수에도 끄떡없다. 납작 엎드려 물기를 머금고 큰 나무들의 지혜를 따르는 겸허하고 소박한 그들만의 식물 생리에 마음이 숙어진다. 자연과 함께 사는 동안 꽃도 아니고 풀도 아닌 그들이 내게 위로와 희망을 주고 깨우쳐준 바가 크다. 초록빛 맥문동은 나의 스승이고 벗이다.

*튀튀: 무릎까지 내려오는 종 모양의 로맨틱 발레 드레스

한국문협 수필분과 5매 수필의 미학 「나는 바람입니다」 2018

노을공원으로 보내다

애지중지 키우던 나의 아들딸들이 떠나는 날이다. 듬직하고 씩씩한 아들이었고, 귀엽고 사랑스런 딸들이었다. 어찌 그 멀고 험한 곳으로 보낼 수 있을까. 저 푸르른 젊음을 저 향기로운 꽃들을 어떻게 모두 보낼 수 있단 말인가. 굵은 가지들이 잘려 나가고 꽃송이들이 떨어져 버린다. 뿌리내려서 자란 고향을 떠나 먼 길 보내는 마음이 아리다. 몇 날 며칠을 삽으로 괭이로 호미로 파내다가 드디어 중장비까지 동원되어 뿌리를 캐어낸다. 물이 가득 오른 매화 가지들이 부르르 떠는 듯하다. 유난히 향이 짙었던 청 매실나무 앞에 서니 코가 시큰해지며 눈가로 손이 간다. 얼마나 정을 쏟았던가. 황급히 고개를 돌리는데 키 큰 목련이 슬픈 노래를 부르는 듯하다. 겨우내 비로드 화포로 감싸며 북풍을 이겨내던 꽃봉오리들이 드디어 우윳빛 속내를 비치며 눈물을 머금는다. 뭉텅뭉텅 잘려 나가는 가지치기는 마치 단두대에 목을 들이민 마리 앙투아네트의 운명을 떠올리게 한다. 아 불쌍한 것들 가여운 것들. 그러나 이제 부활의 봄이다. 새로운 둥지에서 새 뿌리를 더욱 굵게 내리거라. 모질게 잘라버린 가지에서 더욱 강인한 꽃가지들이 피어나리라.

20년이라는 긴 세월 동안 내 모든 꿈과 열정을 이곳 백운 호숫가에 묻었다. 선친이 마련해 주셔서 갑년이 넘도록 지켜온 땅에 꽃나무를 심기 시작한 지 스무 해 동안을 돌아본다. 세월의 강을 휘돌아 모천을 찾은 연어처럼 모든 것을 내려놓고 흙에 엎드린 삶이었다. 경계수였던 아름드리 잣나무의 나이처럼 허리 굽고 늙은 나이에 꽃나무를 심으며 아름다운 정원을 꿈꾸었던 것은 정녕 헛된 일이었을까. 철없는 낭만이나 사치였을까. 콩 심고 팥 심던 기름진 땅을 버린다고 세상 물정 모르는 한 여자의 철없는 짓이라고 핀잔도 많이 받았다. 먹을 것을 기르는 일도 아니고 채산성이라고는 손톱만큼도 보이지 않는 부질없는 일이라고 했다. 더러는 땅을 묵히며 투기를 하는 복부인 취급도 받았다. 세상 사람들이 제 마음대로 생각하고 말하는 것과는 아무런 상관없이 작은 정원을 설계하던 그때 나는 얼마나 행복했던가. 이젤을 펼쳐놓고 밑그림을 그리는 화가처럼 풋내기 정원설계사는 가슴이 마냥 두근거렸다.

종묘상에서 초보자가 키우기 쉬운 목련과 왕벚을 추천받아서 회초리 같은 묘목을 가로 세로 줄을 맞추어 심었다. 하지만 묘목이 자리를 잡고 제대로 뿌리를 내리기도 전에 풀이 더 왕성하게 뒤덮였다. 뙤약볕에 주저앉아 끝없이 돋아나는 잡풀과의 씨름이 하루 일과가 되어야 한다는 깨달음을 얻기까지 몇 해가 걸렸던가. 대학에서의 전공인 원예학은 실상 큰 도움이 되지 못했다. 상아탑의 강의실에서 배우던 여러 가지 이론이나 실습은 아무것도 아니었다. 그곳에서 평생을 바쳐 농사를 지으신 촌로의 지혜로운 몇 마디 충고는 때마다 나를 얼마나 부끄럽게 했던가. 나무나 꽃을 기르며 정원을 가꾸는 일은 고상하거나 우아한 일이 결코 아니었다. 흙과 한 덩어리가 되어 살아야 했다. 동이 트기도 전에 일어나서 해가 지는 것도 모르고 김을 맨 적이 얼마나 많았는지. 이따금 낮에 나온 반달이 빙그레 웃으며 내려다보곤 했다. 너울거리는 목련 잎사귀 사이로 달님이 들어와 흙에 파묻힌 듯 호미질에 여념이 없는 나를 일깨우기 몇 번이던가. 드디어 피곤한 육신보다는 날아갈 듯 맑아지는 영혼을 찾을 수 있었을 때 그때 나는 정녕 행복한 원정이 되었다.

처음 심었을 때는 똑같은 크기의 나무들도 세월의 힘인지 크고 작은 구별이 지기 시작했다. 같은 환경과 조건에서 자라도 나무의 높낮이가 다르고 굵기도 달라졌다. 나무 하나하나가 모두 다른 생김새로 자라는 사실이 경이로웠다. 어쩌면 하늘의 뜻이 더 컸을 것이다. 인간 세상이나 다를 바 없는 식물 세계를 들여다보며 거죽만 보아왔던 지금까지의 나무를 다시 보게 되었다. 가끔 이양하의 수필 「나무」와 내가 가꾼 나무의 모습과 식물 생리를 비교해 보곤 했다. 안분지족의 삶은 어떠한 것일까. 말 없는 침묵 속의 고통은 어떤 것일까. 측은지심과는 또 다른 연민으로 나무들과 교감하기 시작했다. 그들과 눈 맞춤하고 이야기하고 쓰다듬으며 그들의 표피 안에 담겨진 내면의 세계를 들여다보기 시작했다. 봄 여름 가을 겨울 사계를 통해 보여주는 그들의 모습에서 나를 보게 되었다. 내가 얼마나 하찮은 사람인가. 감히 자연의 한 부분을 내 마음대로 다스리려고 무모한 짓을 하지 않았나 뒤늦게 깨달아가면서.

중년을 몽땅 바쳐버린 나의 정원에서 어떤 큰 것을 바라지는 않았다. 묘목재배로 시작한 조경사업을 원예치료정원으로 바꾸었으니 더 무엇을 바라랴. 이곳을 찾은 모든 이들에게 그 가슴을 따뜻하게 하고 영혼을 맑게 하는 일에 내 온 열정을 다할 수 있었음에 감사할 뿐이다. 이제 도시개발이라는 미명하에 나의 작은 정원도 문을 닫게 된다. 우리 모두 함께 살아가야 하는 세상에서 나만의 정원을 고집할 수는 없다. 다 함께 더욱 아름다운 환경을 이룩하고자 함이라는데 아집으로 버틸 수는 없는 일이 아닌가. 앞의 논도 뒤의 밭도 모두 주인이 떠났다. 스무 해 동안 꽃나무 집으로 불리던 나의 정원이여! 비밀의 화원처럼 깊게 들어앉아 꿈꾸던 작은 정원이 이제 차곡차곡 짐차에 실려 떠나간다. 떠남은 또 다른 만남을 향하는 것이리라. 나의 딸들과 아들들을 먼 북서쪽 난지도 하늘공원 옆의 노을공원에 바쳤다. 쓰레기 매립지 위에 만들어진 기적의 숲, 환경생태공원에서 나의 정원은 다시 태어날 것이다.

서강팔경의 하나인 양화진의 노을을 굽어볼 수 있는 언덕이니 명당이지 않은가. 슬퍼하지 말고 기뻐하자. 노을은 내일 다시 떠오르는 태양이 잠시 쉬러 가는 길이다. 한낮을 불태우던 정열을 환상의 물빛으로 보내는 희망의 약속이다. 잘 가거라, 그곳에서 더욱 향기로운 꽃나무들이 되어다오. 내 아이들, 아들아 딸들아.

『수필시대』 2016 6-7

달빛 소리

달빛이 화안하게 온 동네를 비춘다. 고단하고 지친 하루를 접고 모두가 잠든 고즈넉한 시간, 이 밤 다시 살아나는 것들을 위해서. 명멸하는 도회의 불빛과 번잡 속에 외롭던 달빛은 산 넘고 물 건너 한적한 시골 마을로 돌아왔다. 이제야 어두운 밤의 장막을 벗어난 듯 온전히 빛을 밝히는 듯하다. 나를 돌아보고 나를 깨우치려는 사람들을 위한 한 줄기 빛의 소리, 달빛 소리가 들려올 듯하다.

둥근 달은 숲속에서 잠자던 정령들을 거느리고 산자락에 낮게 드리운 마을로 들판으로 실개천을 따라 산책을 나선다. 먼 데서 들리던 멍멍이 소리까지 잦아들고 사위가 조용하다. 어디선가 돌돌돌 물소리도 깨어나고 온갖 풀벌레들이 눈을 뜬다. 밤의 교향악이라도 연주하려는 듯 여기저기에서 활을 당기며 음률을 고르고 있다. 허황하고 요란하기만 한 문명이 잠들고 태초의 자연이 되살아나는 시간이다. 싱그러운 바람결에 실려 오는 어느 요정의 풀섶을 스치는 소리, 너울 같은 옷자락에서 번지는 이 향기는 풀잎인가 꽃잎인가.

달을 따라나섰다. 달빛을 받으며 나의 잠든 영혼을 불러내고 싶다. 오감을 두드리며 영혼을 일깨우는 달빛 소리, 빛의 소리가 온몸을 전율케 한다. 문명의 발전이나 문화의 순환 속에 나는 정녕 바람직하고 그럴듯한 나의 좌표를 찾을 수 있었던가. 한 그루의 나무나 한 송이의 꽃만큼도 세상을 빛내지 못한 삶이 아니었던가 뒤돌아본다. 어쩌면 나는 과학이나 문명의 에너지에 떠밀려 살아온 것이 아니었는지… 아이처럼 맑고 순수했던 영혼을 잃어버린 지 오래, 이제 서리 내린 머리칼을 하릴없이 쓸어 넘긴다. 아, 그러나 잠시라도 달빛 소리를 듣고 싶다. 잠든 나의 영혼을 일깨우고 싶다.

푸른 달빛이 아직도 차갑게 스며드는 것은 내 마음이 그래서인가. 촛불처럼 가슴 깊은 곳에서 우러나는 밝고 슬기로운 빛을 느낄 수 없을까? 달이 부푸는 것도 이지러지는 것도 어리석은 나의 두 눈에 그렇게 보일 뿐이다. 달은 그냥 거기 한 자리에 둥글게 떠 있는데 생각 없는 내가 그렇게 보는 것이다. 지구라는 작은 별 한구석에 얹혀서 끝없이 맴을 돌기 때문인가? 과학의 이론이나 우주의 신비를 건너선 깨달음은 아득히 머나먼데 문득 스치는 바람결에 들리는 어머니 대지의 음성, 달빛 소리가 들린다. 세련의 아픔을 견디며, 쓰러져도 다시 딛고 일어나 둥글어지라고, 더 둥글게 갈고 닦으라고.

달빛 소리, 빛의 소리가 온 세상을 감돌아 흐른다. 숲에서 마을로 산을 넘고 들을 지난다. 실개천을 따라 풀섶을 들추며 이 밤에 다시 살아나는 생명과 영혼들을 위하여. 깊은 밤 달빛은 이제 그렇게 깊고 조용하고 안온한 움직임으로 어느 먼 은하의 세계처럼 흐른다. 아름다운 정령들에 둘러싸여 숲길을 지나 냇가로 나선다. 이제는 돌아와서 외롭지 않은 달빛, 달빛 소리가 온 세상을 감돌아 흐른다.

『PEN 세계한글작가대회』 기념문집, 2015

초록뱀, 우리 어머니

구월이었다. 처서가 지나도 더위는 식을 줄 모르고 내리쪼이는 햇볕은 따가웠다. 아무리 뙤약볕이지만 농원으로 걸어 들어가는 길이 무에 그리 멀다고 오두막 옆으로 낸 쪽문으로 드나들곤 했다. 문을 열고 들어가려는 순간이었다. 발 옆을 스치는 듯 지나가는 초록 뱀 한 마리에 숨이 멎는 듯했다. 내 발과 같은 방향으로 스르르 움직이더니 나보다도 먼저 문 안으로 들어가는 뱀은 알에서 깬 지 얼마 안 된 듯 내 손가락만큼이나 가늘고 길이도 한 자가 겨우 넘을 정도로 보였다. 지렁이만 보아도 움찔하는데 아무리 적은 것이라도 뱀은 무서웠다. 옴짝도 못하고 그 자리에 발이 붙어버린 듯했다. 지금도 기억되는 그 풀잎 무늬와 색깔은 두려움과 함께 참 곱다는 희한한 생각이 들었다. 힘없이, 하필이면 초록빛 풀섶을 마다하고 마른 삭정이 덤불로 들어가는 모습을 보고 나서야 발을 떼었다. 세월이 흐르면서 하마터면 밟을 뻔했던 그 초록 뱀을 오월 생뱀띠이신 우리 어머니라고 생각하게 된 것은 왜였을까.

꼭 십 년 전이다. 어머니께서 저세상 가시던 바로 그해였다. 그 후, 강산이 변한다는 긴 시간이 흘렀는데도 어제처럼 그 초록 뱀은 내 기억 속에 선연히 살아가고 있다. 어머니는 그해 구월 초록 뱀이 농원의 문안으로 들어온 지 얼마 안 되어 병환이 나시고 바로 그 가을에 돌아가셨다. 건강하게 사시다가 구십을 넘기셔서 돌아가셨으니 한이야 없지만 만일 그때 그 뱀을 잡아버릴 수 있었거나 다른 곳으로 쫓았다면 어머니는 그렇게 금방 돌아가지 않으셨을지도 모른다는 생각이 이따금 들곤 했다. 그날 이후 나는 거의 쪽문 사용을 하지 않고 멀어도 정문에서 들어가는 길을 이용했다. 늘 흙바닥이나 풀섶을 조심조심 둘러보며 걷고 김을 맬 때는 헛기침을 습관처럼 하곤 했다. 그러면서 곰곰이 이어간 생각은 그때 어머니는 내게 초록 뱀으로 나타나셨다는 믿음을 굳어지게 했다. 풀밭에서 일하는 나를 지켜주기 위해서 오셨다고.

어머니는 언제나 당신이 정사생丁巳生 뱀띠이면서도 뱀이라는 동물에 대해 긍정보다 부정적인 말씀을 많이 하셨다. 길을 가는 중에 뱀이 길을 가로질러 앞으로 지나가면 그날 일이 낭패라는 말씀을 자주 하셨다. 어쩌다 먼발치로라도 뱀을 보았다고 말씀드리면 그날

결정할 일은 미루라고 지나치도록 걱정을 해주셨다. 사실 뱀이란 동물은 교활하거나 징그러운 선입견 때문에 대부분 사람이 피하지만 다른 동물에 비해 신중하고 지혜로우며 영험한 동물이라고도 한다. 어머니께선 실제로 뱀에 물려서 고생한 사람들의 이야기까지 해주시며 늘 조심하라고 하셨다. 농원을 이루게 된 밭은 원래 천수답이어서 산자락에서 내려오는 계곡물을 돌려서 밭둑 옆으로는 늘 물이 조금씩은 흘렀고 작은 웅덩이도 있었다. 논보다 밭이 더 가치가 높아지는 세상이 되니 우리 논도 밭으로 형질은 변경되었지만, 흙은 여전히 습했다. 습한 땅은 가뭄을 덜 타서 모여와 함께 살려는 생명이 늘 많았다. 크고 작은 나무들과 풀꽃들로 원예치료정원을 만들자 온전한 생태계의 복원이 된 듯했다. 식물이 살아가는 곳에 동물이 모여드는 것은 당연한 이치가 아닌가. 독한 농약도 화학비료도 주지 않는 태평농원을 찾아드는 벌 나비며 새들이야 반가웠지만 원치 않는 길짐승까지 모여드니 더불어 산다는 숙제는 어렵기만 했다.

한여름에 옥잠화밭에서 김을 매다가 바로 코앞으로 굵다란 뱀이 쏜살같이 가로질러 가서 혼절할 뻔하던 날도 있었다. 그뿐인가. 새빨간 머리를 바짝 쳐들고 똬리를 튼 꽃뱀 옆을 지나가야만 했을 때 머리가 하얗게 비워지는 듯했다. 그래도 그 영물들이 내가 주인인 줄은 알아주었는지 별 탈 없이 20년이나 되는 시골 생활을 했다. 웅덩이가 있는 밭둑에서 예초기로 풀을 베어주시던 베드로 할아버지가 칼날에 목이 달아난 뱀 이야기를 해주실 때마다 소름이 돋기를 몇 번이던지. 어느 핸가 긴 장마 뒤에 목련나무 숲에 양송이보다 작은 하얀 버섯들이 돋아났다. 하도 신기해서 웬 귀한 버섯인가 하고 따다가 뱀 알 일지도 모른다는 생각에 식은땀을 흘리며 줄행랑을 치던 일은 지금 생각해도 혈압이 오른다. 한여름에서 가을까지 농장에 들어갈 때는 으레 '뱀아 물렀거라' 하며 농원 가운데로 난 길을 일도 없이 몇 번을 자동차로 오간 다음에야 차에서 내려 걸어 들어갔다. 휘발유 냄새라도 풍겨서 길짐승들이 알아서 피해주기를 바라는 어리석음이었다. 어머니 말씀대로 시골 생활은 정말 아무나 할 일이 아니었다.

어머니는 연로하시니 마음대로 훌쩍 와보지도 못하시고 나의 힘든 시골 생활을 늘 안타까워만 하셨다. 어머니가 돌아가신 후 또 십 년 나의 시골 생활은 여전히 계속되었다. 참으로 이상한 일은 어머니께서 저세상 가신 후로는 농원에서 뱀을 본 적이 없었다. 늘 조심하고 살펴 가며 일하는 것은 몸에 배어 있었지만 아무래도 참 이상한 일이었다. 한 해 두 해 지나면서 그해 구월, 초록뱀으로 내게 오신 어머니에 대한 믿음이 생기기 시작했다. 몇 해 전 꼭 한

번 있었던 경우라면 꽃뱀 한 마리가 울타리 밖을 지나간다고 이웃 아저씨가 일러주신 적이 있었다. 그때 나는 직감적으로 십 년 전 구월에 오신 어머니를 떠올렸다. 어쩌면 그 꽃뱀을 시켜서 나의 느슨해진 마음을 다잡아 주시는 것이라고 여겨졌다. 그렇게 십 년을 초록 뱀 어머니는 보이지 않는 곳에서 말없이 나를 지켜주셨을 것이다. 비록 생전에는 오지 않으셨지만 돌아가신 후에라도 곁에 오셔서 아무 일 없이 잘 지내도록 보살펴 주셨음에 자주 목메곤 했다.

오월 뱀띠인 어머니는 초록 뱀으로 그때 이미 나에게 오셨던 것이다.

『월간문학』 2016. 10

정원에 가을비 내리다

가랑비에 옷 젖는 줄 모른다더니 비가 꽤 많이 내렸나 보다. 하우재 너머 글벗들이 온다고 해서 좀 들뜬 마음으로 정원을 오락가락하다 모자가 다 젖고 옷이 후줄근해졌다. 말이 잔디밭이지 여름내 뽑아낸 질경이며 잡초들이 그들먹하다. 봄내 여름내 엎드려 솎아냈어도 마음속 근심처럼 끝도 없이 솟아 나오는 이 풀들을 어이할까? 올 구월에 윤달이 들어서일까. 한로가 내일모레인데도 초록이 아직도 싱싱하게 빛난다.

질경이를 솎아내지 못한 잔디밭 위에 간이 테이블을 펴놓았다. 하얀 레이스 식탁보까지 덮고 부지런히 작은 풀꽃다발을 엮어 가운데 장식해 놓으니 어느새 나의 오두막은 어느 부잣집 별장의 테라스가 부럽지 않다. 이렇게 분수를 모르고 철없는 마음이 되어 비 내리는 가을 정원에서 손님을 기다린다. 테이블보가 다 젖었다. 의

자에도 빗방울이 가득하다. 오는 이들 기분 좋게 미리 차려놓은 찻잔에도 가을비가 담겨있다. 이 모습 그대로 보여주고 싶은데 온다던 손님들은 아마도 빗길에 좀 늦나 보다. 그들은 이런 나를 어떻게 생각할까. 테이블 위에서 가는 세월도 아랑곳하지 않으며 웃고 있는 풀꽃들은 내 맘을 알 것 같다. 발그레한 여뀌 꽃줄기 사이로 때 없이 피어난 개망초의 샛노란 꽃심이 어린아이처럼 해맑다.

드디어 정원 입구에서 자동차 문 닫는 소리와 함께 탄성이 들린다. 비에 젖은 낙엽에서 커피 향을 맡았을 것이다. 묘목을 키워 팔고 남은 벚나무를 그대로 두고 마냥 키워서 겹쳐진 가지들이 숲처럼 우거졌다. 햇빛을 보지 못하는 이파리들은 어느새 제법 많이도 떨어져 가을비에 젖어가며 차곡히 쌓여간다. 바로 그 어둑한 벚나무 아래에서 그들은 한참을 킁킁거리며 들어올 생각도 않고 낙엽 냄새를 즐기고 있을 것이다. 이효석의 수필 '낙엽을 태우면서'를 떠올리며 갓 볶아낸 커피 향을 맡고 있을까? 아니면 낙엽을 쓸어 모아 태우고 싶을까? 그냥 놔두자. 마냥 자연을 예찬하도록. 나는 어서 따뜻한 물이나 끓여야겠다. 그리고 아주 낡고 오래된 커피 가는 기계의 손잡이를 할머니의 물레처럼 천천히 돌리며 그들의 즐거운 모습을 그려보자.

하나씩 둘씩 벗들이 잔디 길을 걸어 들어온다. 가으내 가물어서 잎이 노랗게 말랐던 레드클로버도 싱싱해졌고 제비꽃도 괭이풀도 봄비를 맞은 듯 파랗게 잎을 들어 올렸다. 얘들아 그런데 이젠 봄이 아니라 가을이란다. 초록빛 카펫 위로 공주님처럼 화안하게 웃으며 걸어 들어오는 가을 손님들, 이 어찌 반갑고 기쁘지 아니하랴. 고개 너머 한참을 달려온 것만도 고마운데 정성이 가득한 맛난 간식까지 안겨주니 비까지 추적이며 쓸쓸하던 정원에 활기가 돈다. 오랜만의 만남을 기뻐하는 그들의 시선이 오두막 앞에 마련된 식탁에 머물자 또다시 탄성이 나온다. 이슬인 듯 빗물인 듯 함초롬히 젖어 있는 테이블 세팅을 한참이나 들여다보며 눈물 가득한 우리의 어여쁜 감성주의자 Y문우의 자태는 한 폭의 그림이다. 어느 한 사람의 마음이라도 달래줄 수 있는 이 작은 정원이 새삼스레 마냥 고맙다. 멍울진 가슴 한구석이라도 보듬으며 잠시라도 기쁨을 줄 수 있는 풀꽃 몇 가닥의 신비는 마음이 열린 이들에게 주시는 신의 선물임에 틀림이 없다.

나이가 들어가며 원예치료정원의 일도 많이 줄였다. 지체장애나 정신장애를 겪는 환우들을 보듬기엔 이제 나 자신도 많이 늙고 쇠약해 졌나 보다. 마음은 저만큼 달려가는데 몸이 도저히 따라갈 수가 없다. 아픈 그들은 더 유능하고 젊은 치료사들의 몫으로 해두자.

이렇게 하나둘 내려놓으며 자연을 닮아가는 것도 결국은 가든 테라피의 궁극적인 목적이 될 수 있지 않을까? 육체나 정신이 온전해도 힘든 현실을 살아가며 쌓이는 스트레스, 불안, 초조, 우울증 등이 만연하고 있지 않은가. 만일 한 구석 자연을 보듬음으로써 그 아픔들이 치유된다면 그리고 보다 건강한 삶의 윤활유가 된다면 나는 언제라도 기꺼이 나의 정원을 열어 놓을 것이다. 그냥 가을비 내리는 정원을 걸으며 낙엽 냄새만 맡아도 이토록 기분이 좋아지는 것을. 가을 풀꽃의 처연함을 들여다보며 인생을 관조함은 또 얼마나 의미 있는 일인가. 거기에 반가운 벗들과 더불어 행복한 원예치료를 받으니 더할 수 없이 기쁘다.

빗방울이 점점 더 굵어진다. 오늘은 우리 오두막 안의 낭만을 즐기자. 가을비 내리는 정원을 내다본다. 후드둑 떨어지는 빗방울 소리가 더없이 시적이어서 가슴이 설렌다며 키득대는 젊은 문우들, 오늘따라 정원의 나무들처럼 마냥 싱그러워 보인다. 봄비는 올 때마다 따듯해지고 가을비는 내릴 때마다 추워진다니, 이 비 그치면 제법 바람이 찰 것이다. 가을비가 전해주는 가르침을 들으며 서둘러 겨울 준비도 해야겠다. 여름내 무성하던 이파리를 훌훌 털어내고 겨울을 이겨내는 슬기로운 나무들의 이야기도 들어보자.

주전자의 물이 이제 다 끓었나 보다. 이젠 반가운 벗들에게 따끈한 커피를 대접해야겠다.

『문파문학』 2014 겨울

봄인가 겨울인가

소설 대설 다 지나고 동지가 가까운데도 여전히 푸근하다. 예년 같으면 쏟아지는 눈이 차곡차곡 쌓이고 꽁꽁 얼어붙어 녹을 줄 모르던 추운 절기이다. 때아닌 비까지 추적이니 겨울인지 봄인지 분간이 안 된다. 두툼한 눈 이불 덮고 깊은 겨울잠에 든 뜰에 서본 기억이 오래다. 이상 난동으로 매화 가지마다 부푼 꽃눈을 대하며 반갑기는커녕 오히려 마음이 편치 못한 것은 왜일까. 엇그제 좁쌀만 하던 봉오리들이 오늘은 수수알갱이만큼 부풀어 보인다. 이 철없는 아이들에게는 아마도 봄비라 여겨지나 보다. 자연의 섭리라고 해야 하나 문명을 좇는 사람들이 저지르는 잘못 때문이라고 해야 하나. 언제 갑자기 불어닥칠 북풍에 저 여린 꽃봉오리들이 다치지 않을까 걱정이다.

지난가을에도 일조량이 많아 따뜻해서였던지 매실나무의 웃자란

가지들이 제법 통통하다. 냉해를 입을까 염려되어 치지 않고 놔두었더니 하늘 높은 줄 모르고 마냥 솟구치며 멋없이 잘도 뻗는다. 철없이 초록빛인 가지마다 꽃분홍 봉오리들이 많이도 매달렸다. 아직 저렇게 부풀면 안 되는데 벌써 저리도 진한 꽃 빛은 너무 이른데. 뒷짐을 지고 하릴없이 근심만 키울 뿐 달리 도리가 없다. 눈 대신 가득히 쌓인 낙엽은 하늘의 은총인 듯 뜰 하나 가득히 골고루 덮여 있다. 큰바람도 없이 가을을 보낸 덕인지 제자리에 내려앉은 낙엽들이 비에 젖어 켜켜이 쌓여 있다. 나무 사이로 심어진 옥잠화 군락은 낙엽 아래 깊이 잠들어 있다. 그런데 바로 그 옆의 맥문동은 무리 지어 초록빛 잎들을 자랑하며 우쭐대는 듯하다. 마치 한 폭의 세한도라도 그려낼 모양이다. 하기야 흰 눈이 쌓여도 고드름이 달리는 추위에도 견디내며 땅속줄기를 키워가는 강인함이 어찌 소나무의 절개만 못하다 하리. 작은 푸나무도 그 질긴 생명력만큼 나름의 결기는 지녔으리라.

볕이 많이 드는 동남쪽의 뜰은 그늘진 서쪽보다 유난히 꽃이 많이 맺힌다. 떠오르는 아침 햇살은 식물에도 특별한 정기를 주나 보다. 꽃눈도 잎눈도 실하게 맺히고 가지도 줄기도 굵고 튼튼하게 자란다. 어느새 비가 그쳤는지 참새들이 포르르 날아다닌다. 영산홍 잔가지 아래에서 떼를 지어 야단법석이던 한 무리가 목련 나뭇가지 위로 흩어져 앉고 어디서 날아왔는지 벚나무 가지를 오르내리며 박새의 짝을 찾는 소리가 어지럽다. 날개를 접고 비를 피하던 그들은 궂었던 날이 다시 드는지를 어떻게 저렇게 미리 알 수 있을까. 비단 날개 달린 새들뿐만이 아닌 길짐승을 비롯한 모든 미물도 마찬가지일 것이다. 이 머리 검은 짐승, 머리를 하늘로 두고 두 발로 걷는 사람이 더 모자란다는 생각이 든다. 은빛 비로드 화포花苞로 단장하고 하늘 향해 수천만 개의 붓끝을 쥐고 서 있는 목련 나무를 우러러본다. 무슨 할 말 쓰고 싶은 이야기가 저리 많을까. 해신海神을 사랑하던 북향화北向花의 전설일까 이루지 못한 사랑의 표현일까. 꽃가지 사이로 언뜻언뜻 보이는 하늘빛이 시리다. 겨울비가 내리더니 그래도 좀 추워지려나.

발에 차이는 작은 화분 하나가 있다. 무얼까? 한 뼘은 족히 될 초록빛 잎들이 통통하게 올라와 있다. 화분에 담긴 채로 가으내 낙엽에 묻혀 있었나 보다. 편안히 봄을 마련하고 있는 푸른 생명을 내가 잘못 건드렸다. 아니 수선화가 아닌가. 지난해 이맘때 친구가 사 온 애기 수선화 화분이다. 꽃이 지고 나서 늘어진 잎들이 누렇게 떠버려서 화단 한구석에 밀어둔 채 잊어버렸으니… 그 위로 화들짝 봄꽃들이 피고 지고 기나긴 여름을 풀섶에 가려져서 가을 지나고 겨울이 되도록 내버려 둔 셈이다. 화분에서 뽑아내어 흙에 묻어주기라도 했으면 알뿌리라도 더 퍼지고 봄에 실한 꽃대궁을 올렸을 것을 큰 실수를 했다. 나의 이 구제불능인 태평농법太平農法은 언제나 개량이 되려는지 혀만 끌끌 찰 뿐이다. 오로지 늙음이라는 단어에 게으름을 뭉뚱그리려는 것이 아닌가. 또 어떻게 생각하면 그게 자연이라고 씁쓸히 웃기도 한다. 미안한 마음으로 수선화 화분을 잡고 흙을 털어낸다. 햇빛 당양한 거실 테이블 위에 모셔다 놓고 정성을 들이면 지난해처럼 샛노란 웃음을 띠려나. 물에 비친 미소년 나르시스의 이야기를 한겨울 찬 유리창에라도 비춰볼까.

꽃이나 푸나무처럼 공중을 나는 새나 땅속의 미물도 덥고 추운 것을 가린다. 그렇게 움츠렸다 폈다를 끝없이 되풀이하며 하늘과 땅의 질서를 따른다. 오늘 하루 배부르면 내일의 먹이도 비축할 줄 모르는 들짐승들도 있다. 우리 인간의 삶이 그들의 것보다 나은 것이 무엇일까. 추위와 더위를 피하여 마련한 집들은 허울만 그럴듯하지 한낱 까치둥지만도 못하다면 지나칠까? 넉넉하고 안락한 내일을 위하여 우리가 애쓰는 모든 일들 알게 모르게 자연을 거스르고 있다. 결국에는 스스로를 옴짝도 못하는 상황으로 치닫게 하지 않을까 두렵기만 하다. 예전처럼 춥기도 하고 함박눈도 펄펄 내려서 산도 들도 겨우내 깊은 잠이 들어 쉴 수 있어야 한다. 다음에 오는 찬란한 봄을 위해 겨울은 겨울답게 추워야 하리. 자연의 섭리를 따르지 못하고 살아가는 우리에게 끝내 돌아오는 것은 무엇일까. 겨울이 봄 같아지고 봄이 겨울 같다가 불현듯 여름이 되지 않던가. 그렇게 우리는 점점 계절의 순환마저 잃어버리고 있다. 마치 한겨울에 꽃눈을 내밀며 겨울잠도 잘 수 없는 나무들처럼. 아 어찌하리. 세한歲寒의 아픔으로 피워낸 봄꽃의 향기는 옛 시인의 이야기에만 있는 것인가.

『계간수필』 2016 봄

나의 수필 쓰기

나의 일터, 작은 정원에는 수필나무도 한 그루 자란다. 자연을 가까이하며 영혼과 정신의 아픔까지도 어루만져 주는 원예치료정원, 그 한 가운데 자라나는 나무는 나의 애정과 꿈을 독차지한 특별한 존재이다. 어린나무가 잘 자라도록 때 없이 돋아나는 잡초를 뽑아내다가 생각하는 것들, 깨달은 것들을 흙에 묻어두곤 한다. 콩이나 팥을 심어도 아까울 땅에 회초리 같은 묘목을 심었을 때 헛농사를 짓는다고 비웃음을 샀던 것처럼 나의 수필 쓰기 또한 쉽지 않았다. 강과 산의 모양만 바뀌는 게 아니었다. 칼처럼 예리해진 날에, 손자국으로 움푹 팬 호밋자루를 쥐고 보낸 시간 동안 구겨 버린 원고지는 얼마나 쌓였을까. 쉽지 않은 글쓰기, 때로는 자괴감에 가슴이 짓눌린다. 답답한 마음에 하늘을 보다 다시금 고개를 숙인다. 허리를 굽히고 하릴없이 쪼그리고 앉아 낡은 호미를 쥐어 본다.

어느 날인가 나의 작은 수필나무에도 싹이 트고 잎이 돋아났다. 꽃도 보고 열매도 거두고 싶어 지극정성을 다했나 보다. 내 자식 내 아들딸이 아닌가. 불면 날까 쥐면 꺼질까 봐 얼마나 공을 들였던가. 봄볕에 그을려도 괜찮고 한여름의 땀방울도 아랑곳하지 않은 신통방통 대견한 내 자식들이었다. 모자랄수록 보태주고 싶은 정으로 마음 더 가는 내 새끼들이 아닌가. 허리가 휘는 것도 눈이 어두워지는 것도 모르고 세월이 갔다. 그러나 날마다 봄빛이랴, 비바람 불고 천둥 번개 치는 날이 왜 없었으랴. 쓰러지면 일으켜 세우고 북을 돋아주며 뿌리 깊은 나무를 키우고 싶었다. 듬직한 정자나무나 언덕 위의 느티나무 같은 나의 수필나무를 향한 집착은 한낱 부질없는 원정園丁의 꿈인가. 그래도 놓아버릴 수 없어 아직도 가야 할 먼 길을 더듬거린다. 건너야 할 강은 깊고 넘어야 할 산은 높기만 하다.

나무의 우듬지는 알맞은 때에 순지르기를 해야 한다. 하늘을 향해 반듯이 선 줄기, 주지主枝의 순을 잘라 나무의 꼴을 만드는 것이다. 순을 지른 큰 가지에서 생기는 곁가지, 측지側枝는 수직과 수평의 조화를 이루어야 한다. 우주의 질서가 아닌가. 직립해서 올라가는 큰 가지를 순지르는 아픔은 크지만 좋은 나무의 틀을 이루어가는 필수의 결단이다. 큰 것과 작은 것들이 상생하는 구도가 잡히기까지 치고 자른다. 큰 줄기는 더 굵어지고 새로운 생명의 작은 가지들이 퍼지게 된다. 흔들림 없이 튼튼한 나무의 줄기이자 수필 쓰기의 기둥이 되는 주제와 소재의 어울림이다.

봄이 오면 가지마다 새잎이 돋는다. 햇빛과 바람의 은총 아래서 연하던 새순이 진초록 잎으로 커간다. 흙 속으로 뻗어가며 수분과 양분을 길어 올린 뿌리의 힘도 흙속에 숨겨진 공덕이다. 우리가 살아가는데 절대로 필요한 녹색식물의 에너지 변환과정, 이 환원의 작용은 얼마나 신성하고 숭고한 행위인가. 자연에서 받은 것을 자연으로 돌려주며 자연을 지켜준다. 나는 과연 수필을 쓴다면서 무엇을 생각하고 어떻게 썼을까. 새로운 소재를 찾기 위해 향방을 모르고 움직였던 더듬이는 거듭되는 도로徒勞에 지쳐서 허우적거렸을 뿐이다.

결코 우리 인간의 눈으로는 볼 수 없는 큰 움직임의 식물 생리에 외경이 앞설 뿐이다. 점점 더 굵어지는 가지에 비례하여 땅속뿌리도 깊어간다. 비바람 눈보라에도 쓰러지지 않고 견뎌내어 이 세상에 쓸모 있는 한 나무가 되기 위한 내공이다. 그렇게 나무는 말없이 심겨진 대로 뿌리를 내리며 도를 닦고 있다. 좋은 수필을 쓰기 위한 깊은 사유가 아닌가. 아직도 나는 작은 수필나무들을 돌아보며 세련洗鍊의 공력을 부단히 쌓아야 하리.

봄부터 가을까지 꽃 피고 열매 맺어 가을걷이를 마무리하면 한해살이도 끝이 날까. 잎을 다 떨구고 헐벗은 몸으로 서 있는 겨울나무는 더욱 고되다. 동면이라니, 곧 다가올 봄을 위한 진통의 나날이다. 떨켜는 동절에 견뎌낼 몸에 맞도록 숨을 고른다. 잎이 떨어진 자리에 돋는 꽃눈과 잎눈을 두꺼운 껍질로 싸맨다. 갈라지고 터질 듯 핏발 선 줄기와 가지들은 그래서 늙은 어미의 손등 같다.

죽은 듯 흙속에 묻힌 뿌리는 어떠할까. 그들도 치열하게 움직인다. 언 땅에서도 봄을 위한 꿈으로 애쓰고 있다. 낙엽이 쌓이고 눈 덮인 속에서 썩고 삭혀서 얻은 기름진 지혜를 대지에 돌려주면서. 봄은 그렇게 겨우내 움트고 있다. 그 고되고 아픈 시간을 우리는 동면의 긴 겨울이라고 명명할 뿐이다. 눈물겹고도 거룩한 나무의 생리를 보고 또 본다. 어쭙잖은 글쓰기에 대한 반성으로 다시금 나무들을 우러러본다. 크면 큰 대로 작으면 작은 대로 내게는 스승의 존재인 까닭이다.

나무들, 그들의 삶과 철학을 배우며 따르고 싶다. 그것이 나의 수필 쓰기를 위한 길이라고 다짐할 뿐이다.

『새로운 수필 쓰기』, 윤재천 엮음, 2018 문학관

2

가마솥에서 옹솥가기

참으로 빠른 세월이다. 세월만 그런가. 풍물이 그렇고 세시풍속이 덩달아 빠르게 변화한다. 그것을 문명이라고 해야 하나. 문화라고 추켜세워야 하나. 세상이, 사람들의 마음이 너무도 많이 달라지고 있다. 좋은 전통과 풍습이 사라지며 오로지 개인의 행복과 안락함에만 충실한 이기주의로 가득하다.

명의名醫 노주부魯主簿

고삐에 끌려가는 송아지가 그랬을까? 할머니께 손 잡혀 아무 말도 못 하고 고갯길을 넘어가던 그때 나는 아마도 예닐곱쯤 되었을 것이다. 울음을 참느라 애를 쓰면서 흘러내리는 눈물을 연신 훔쳤다. 봄날, 산골고개 양쪽 벼랑에는 진달래꽃이 그날따라 어찌 그리도 흐드러지게 피었던지 지금도 눈에 선연하다. 하지만 분홍빛 진달래꽃이 무슨 소용이랴. 고갯마루에 올라서면 가득히 펼쳐지던 하늘도 잿빛이었다.

녹번리 삼거리에 있는 노주부 한의원은 문안까지 그 명성이 자자했었다. 새벽부터 원근 각처에서 수소문하여 찾아왔을 줄줄이 늘어선 아픈 이들의 차례를 제치고 우리는 노주부의 큰 방으로 안내되었다. 한의원 사람들이 할머니께 유난히 머리를 조아리며 굽실거리며 대접을 했던 까닭은 고개 너머 제일가는 부잣집 할머니여서도 그랬겠지만, 유난히도 우환이 많았던 집안의 어르신이었기 때문이기도 했으리라. 파리도 낙상할 만큼 반들거리는 콩댐 장판 바닥은 어찌나 공들여 닦았는지 눈이 부셨다. 나는 할머니 옆에 바짝 붙어 앉았다. 할머니께서 대충 나의 증상에 대한 말씀을 전하시는 동안 겁에 질린 나는 오로지 노란 방바닥만 내려다보고 있었다. 드디어 노주부 할아버지가 다가와 내 손바닥을 펴보고 손목을 지그시 눌러 맥을 짚었을 때 나는 숨이 멎는 것 같았다. 무슨 용기였을까, 노주부의 얼굴을 살짝 보았다. 흠칫 놀랐다. 무서웠다. 하얀 수염과 눈썹의 신선 같았던 우리 할아버지와는 너무도 달랐다. 지금도 또렷하게 떠오르는 그분의 얼굴에는 이마와 뺨에 검버섯이 가득히 피어 있었다.

당신은 나를 향해 무척이나 부드럽게 웃어 주셨겠지만, 섬광처럼 빛나는 노주부 할아버지의 두 눈에 진저리를 치며 할머니께 더 바짝 다가갔다. 터질 듯한 울음을 참고 있는데

"어디 이번엔 발을 보자" 하며 의원 할아버지는 더욱 바짝 다가왔다.

할머니가 내 양말을 벗겨주시고 발을 내밀게 해주셨다. 할머니 품에 안기다시피 발만 내민 나는 겁에 질려 눈을 꼭 감았다. 또 살짝 눈을 떴다. 벽에 걸린 수많은 약봉지에 적힌 한문 글씨들이 보였다. 그사이에 그만 일은 벌어졌다. 예리한 침이 발가락과 발등

사이를 찌른 뜨끔한 느낌과 나의 자지러진 울음과 할머니의 민망해하시는 웃음이 동시에 일어났다.

"자아, 다 됐다. 괜찮다. 아무것도 아니다. 할머니께선 걱정하지 마시고 약이나 두어 첩 지어 드릴 테니 달여 먹이세요."

맨 나중에 노주부가 한 말은 아마도 그렇게 할머니께 드렸던 말씀일 것이라는 추측일 뿐이다. 내게 남아있는 것은 오로지 검버섯이 가득한 얼굴과 무섭도록 나를 노려보던 빛나는 두 눈동자에 대한 기억뿐이다. 그 어떤 병의 증상이나 원인도 다 꿰뚫어 볼 듯이 환자를 대하는 태도에 어린 나는 자지러질 듯이 놀랐고, 번쩍이는 그 눈빛에 나의 오랜 체증은 이미 아주 멀리 달아났는지도 몰랐다.

미꾸라지처럼 피하던 나를 노주부에게 데리고 가신 할머니는 개선장군 같았다. 엄마에게 한약 두 첩을 내미시며 "아무것도 아니란다. 체기가 좀 있는데 약이나 두 첩 달여 먹이면 괜찮단다. 쓸데없이 걱정했구나." 하셨다. 무엇에 체했는지 한동안 속이 더부룩하고 선하품을 하며 배가 많이 아프기도 했었다. 하지만 아프단 말도 못하고 한참을 고생한 후였다. 양의나 양약이 귀하던 그때는 누구든 아프면 노주부에게 가서 진맥을 보고 침을 맞거나 탕제를 지어 오곤 했다. 하지만 동네의 아이들이나 사촌이며 조카들은 모두 노주부가 무섭다고들 했다. 침도 무섭고 노주부의 얼굴도 이상하다고 했다. 혹 체하거나 어디가 아파도 '노주부한테 가보자'는 말 한마디로 아이들은 괜찮다고 아프단 소리조차 못했는지도 모른다. 나도 이 핑계 저 핑계를 대며 한참을 모면했지만 할머니의 권위 앞에는 꼼짝을 못 했다. 눈물을 참으면서 노주부 할아버지께 가야 했던 시대, 어르신이 무서운 줄 아는 시대였다. 할머니의 말씀이라면 노주부의 무서운 얼굴이나 침조차 거역할 수 없는 법으로 알고 자랐다.

아무튼 그날 노주부 할아버지에게 침을 맞고 쓰디쓴 첩약을 달여 먹고 나서 나는 언제 배가 아팠는지 모르게 건강하게 자랐다. 노주부는 단 한 방의 침과 두 첩의 탕약만으로 아직 큰 병 모르고 지낼 수 있도록 단단한 면역력을 주셨나 보다. 내가 건강한 체질이었을까, 노주부가 명의셨을까. 살아오면서 이따금 속이 불편할 때는 그날의 놀라운 경험이 생각나곤 했다. 이제 나이 들어 여기저기 아프다 보니 이렇다 할 약도 주사도 별 효험이 없는 듯하여 더욱 생각나는 유년의 기억이다. 첨단의 의료기술 신약개발과 더불어 온 국민이 의료보험 혜택을 받는 복지 천국에 살면서도 약탕관의 불을 조절하며 부채질하던 불편했던 옛 시절을 그리워하다니… 그때는 몸서리쳐지도록 두려워서 인사는커녕 얼굴도 제대로 바라보지 못하던 노주부 할아버지가 지금 이토록 생각이 난다. 따끔한 침 한 방이면 자라목도 굽은 어깨도 펴질 것만 같고 무시로 저려오는 다리도 시원해질 것 같다.

유년 시절을 향하는 이율배반은 진달래 빛으로 물들여진 추억이기 때문일까. 오래된 약탕관 앞에 쪼그리고 앉아만 있어도 머리 아픈 것도 가슴 답답한 것도 다 나을 것만 같다. 졸아드는 한약 냄새가 집안 가득하고 한지로 덮은 뚜껑에 약물이 배어 오른다. 끓어 넘지 않도록 조심스레 살피며 정성을 다해 약을 달여주신 어머니의 모습이 그 위에 포개어진다. 세월의 강을 누가 거스를 수 있으랴. 사대 문안까지 유명했던 명의 노주부도, 할머니의 위엄도, 자식만 알던 어머니도 저세상 가신 지 오래인 것을… 우리들의 육신이란 진정 그 누구도 벗어날 수 없는 생로병사의 굴레 속에 들어 있지 않은가.

『계간문예』 2019 여름

섣달그믐

몇 번이나 되짚어 보아도 모든 게 다 잘된 듯했다. 그러나 아니었다. 뭔가 하나쯤은 꼭 양념처럼 있어야 하는지, 그중에도 아주 중요한 것을 잊어버려서 난감하다. 삼색 나물에 넣어야 할 깨소금을 잊어버리다니. 어머니가 생각나는 순간이다. 섣달이 되면 제수나 명절 음식의 재료 등을 미리미리 마련해 두시고는 밤이 이슥하도록 식구들 설빔까지 지으신 어머니. 모든 식구가 무탈하게 정월을 지내야 일 년 열두 달이 두루 평안하리라는 믿음이 유난하셨다. 다시 밝아오는 정초부터 타닥타닥 깨 볶는 일은 절대로 안 된다 하시며 일찌감치 넉넉히 준비해 놓으시던 어머니셨다. 설 명절부터 대보름 나물에 쓸 양념까지 준비해 두시던 꼼꼼함으로 온 정성 다해 명절을 지키시던 모습이 오늘따라 새삼 그립다.

글줄이나 배웠다는 나는 아무리 깨알같이 적은 메모지를 들고 다녀도 잊어버리는 것이 너무 많다. 아직 깨소금 단지에 남아있는 것으로도 나물을 무치거나 산적이며 찜에 쓸 양념이야 되겠지만, 정월 초하루 설 명절 조상님께 드리는 차례상에 어찌 쓰던 것을 올리랴. 어머니 말씀처럼 정초부터 깨를 볶을 수도 없지 않은가. 떡집에 편을 맞추어 두었으니 찾아오기도 할 겸 기름집에 들러 볶아 놓은 참깨라도 사 오려고 시장으로 나섰다. 사대봉사에 차례까지 합하면 일 년에 열 번 있는 제사에 빈틈없이 정성을 다하시던 어머니. 이제 나도 어머니처럼 공덕리 재래시장을 대물림하여 찾지만 늘 속 빈 강정 같은 마음이다. 그 옛날에 비하면 소꿉장난이라고 여겨지도록 세월 따라 많은 것이 변했다. 섣달그믐에야 깨소금을 찾는 나처럼 한심한 사람도 더러 있기는 한지, 기름집은 열렸으나 무척 한산하다. 몇 시간이고 기다리며 정성을 들여 기름을 짜오시던 어머니셨다. 좁은 골목에 새겨진 어머니의 행보가 느껴지며 코끝이 찡해진다.

초년 시절 어머니께서 가르쳐주신 대로 깨를 잘 씻어서 돌 섞이지 않게 조리로 몇 번이고 가만가만 일어서 물기를 꼭 뺀 다음 노릇노릇 볶아내면 어머니께선 늘 말씀하셨다. “타지도 않고 알맞게 안성맞춤으로 잘도 볶았다”고 하셨다. 하찮은 깨 볶는 일을 방짜유기 제조법까지 비유해서 안성맞춤이라고 칭찬해주시면 어쩐지 민망

했다. 그다음의 볶은 깨를 빻는 일은 내가 할 수 없는 일이었다. 쇠절구에 빻는 일은 어머니의 몫, 더도 덜도 아닌 절도의 미는 결코 내가 따를 수 없는 어머니만의 비법이었기에. 통깨도 아니고 깻가루도 아닌 알맞게 부서진 깨소금을 작은 항아리 몇 개에 나눠 꼭꼭 눌러 담고 나서 쇠절구 바닥에 남은 깨소금에 하얀 밥 한 덩이를 버무려 어머니 하나 나 하나 주먹밥을 만드는 것이 나의 일이었다. 섣달, 명절을 준비하면서 고부간의 주먹밥을 통한 아름다운 마무리는 이제 그리운 추억일 뿐이다. 돈만 들고 나서면 무엇이든 살 수 있는 이 편한 세상에 사는 것이 왠지 마냥 부끄럽고 죄송해진다.

넓은 골목에는 과일가게며 떡집이 대목을 맞아 흥청거린다. 심지어는 전이며 부침개를 만들어 파는 곳도 많이 생겨서 명절 밑이면 사람들이 줄지어 순서를 기다린다. 차례가 무엇인가. 집집이 정성껏 손수 장만해서 온 동네에 기름 냄새가 가득하던 명절 풍경이 그립다. 농경사회에서 산업사회로 발전하면서 정든 고향을 떠난 현대인의 세시풍속임을 어찌하리. 오늘따라 이 편안함과 풍요로움이 느닷없이 쓸쓸하고 허전해진다. 한동네에 일가친척들이 모여 살며 형님 아우님 어울려 명절을 지내던 그 시절이 한없이 멀게 느껴진다. 모자라는 것이 있으면 서로 도와주고 나누는 속에 피어오르던 인정이 많이 사라졌다. 겨우 한 접시씩 차례상에 올렸다가 식구들 먹을 정도의 분량만큼만 장바구니에 사 담는다. 남이 다 만들어 놓은 물건들을 사다가 진설할 뿐이라고 혼자서 중얼거린다. 그보다 더한 사람들도 많으니 그만하면 효하는 것이라는 떡집 아주머니 말씀에 대답을 못 한다. 황금연휴를 이용하여 해외여행 가는 사람들로 공항이 미어터질 지경이라는데 섣달그믐에 시장에 나와 다된 음식이라도 사다가 차린들 누가 탓을 할 수 있으랴.

삼거리 어물전 앞에는 온 세상의 물고기들이 다 모인 듯 구경거리가 심심치 않다. 벌써 며칠 전에 사서 손질해 냉동고에 얼려 둔 조기는 대목이라 갑절로 올랐다, 냉동 꽃게가 얼음을 뒤집어쓰고 상자에 가득히 담겨 있다. 크고 넓적한 가오리는 어디서 왔는지 비싸기도 하다. 한 마리에 십만 원이나 한다. 저 먼 남미의 아르헨티나에서 왔으니 뱃삯도 만만치 않겠다. 아랍에미리트라는 나라에서 온 갈치도 있다. 옛날 조상님들은 그런 음식은 안 드셨을까? 못 드셨을까? 자식들이 맛있게 먹으면 매운 고춧가루도 독한 파 마늘도 생강도 참아내실 것이다. 문어는 비싸서 그렇다지만 북어며 동태는 왠지 홍정하는 이도 없고 집게 다리가 무시무시한 꽃게만 잘 팔린다. 설마 차례상엔 안 올리겠지만 고을마다 집안마다 구할 수 있는 재료가 다르고 차리는 음식과 조리법이 다르니 탓해 무엇하리오. 공자님께서도 남의 제사에는 함구하라 하셨음에야.

어디선가 느닷없이 노랫가락이 흐른다. “짜증을 내어선 무엇 하나 성화를 내어선 무엇 하나 니나노 얼씨구절씨구” 하며 흥을 돋우는 노랫가락이 세모의 을씨년스러움을 잠시 누그러뜨린다. 어쩐지 기분이 조금은 나아져서 몇 걸음을 옮기니 바로 신발가게 아저씨가 볼륨을 더욱 크게 하며 어깨춤을 춘다. 털신에 구두에 가득히 늘어놓은 가판대를 살핀다. 어쩌면 꽃신 한 켤레도 없는 것이 살 것도 아니면서 왠지 섭섭하다. 엄마가 밤새워 만들어주신 설빔에 댕기 머리하고 꽃신 신고 세배 다니던 어린 날이 그 위로 포개어진다. 세월의 강을 누가 막으리. 저무는 세모의 풍경도 이렇게 해마다 달라지는 것을. 한 손엔 고소한 참깨 봉지 또 다른 손엔 떡집에서 막 찾은 펄펄 끓는 편이 들려 있다. 동부 팥고물 냄새에 집으로 가는 발걸음이 점점 더 빨라진다. 또 한 해가 저무는 섣달그믐이다.

『에세이스트』 2016. 11-12

연화삼덕蓮華三德의 길

봄날, 햇살이 따스하게 내리쪼이는 마당 한구석에 예닐곱 살 소녀가 앉아 있다. 산수유는 어느새 빛이 바래고 매화가 한창이다. 뒤뜰에서 어떻게 안마당까지 왔을까, 갓 태어난 아기 병아리들이 어미 품을 찾는 듯 삐악거리며 앵두나무 꽃그늘 아래 모여서 흙을 헤집고 있다. 엄마가 새로 지어 입혀준 꽃분홍 모본단 치마가 더럽혀질까 봐 소녀는 왼손으로 치맛자락을 단단히 여미어 붙잡고 있다. 오른손에 쥐어진 사금파리로는 무언가를 쓰다가 지우고 또 쓴다.

유년의 추억 속에 모자이크된 '분이' '향기로울 분芬' 내 이름이다. 어릴 때도 '분이'가 난 정말 싫었다. 봄날처럼 포근하고 고향에 있는 누나 같기도 하고 애인 같다는 그 이름이. 그 촌스러운 이름은 문학작품에도 간간이 등장하여 사춘기 무렵에는 무척이나 부끄럽기까지 했다. 서울 태생인 내게 그런 이름을 지어주신 까닭이 무엇일까 곰곰이 생각해 보아도 맘에 들지 않았다. 항렬자인 상相을 붙이면 발음이 더욱 이상해져서 처음 만나는 사람에게는 단 한 번도 내 이름을 쉽게 소개할 수가 없었다. 전화상으로 이름을 소개할 때는 더욱이나 민망했다.

"김상분이라고 합니다."

"아 네, 김상군씨."

아니면 김상훈도 되었다가 김상준도 되었다. 결국엔 좋지 않은 기분으로 억양을 높여서 본래 내 이름의 뜻이 아닌 "분입니다. 꽃가루 분粉이요." 하거나 "분장扮裝할 때 분입니다."라고 하기도 한다. 이쯤 되어야 이름 석 자 소개가 되니 번번이 고역스럽다. 이름이란 뜻도 그렇지만 부르기도 좋아야 함을 내 이름을 통해서 절실히 느끼곤 한다.

여고 시절 단짝이었던 친구에게 이름에 대한 고민을 털어놓은 적이 있었다. 어느 날 친구는 등교하자마자 나를 부르더니 내 이름을 풀이한 종이를 내밀며 희희낙락하였다. 종이에는 '적수공권赤手空拳으로 태어나 대성大成할 사람으로 염복가艶福家가 되어 스스로는 물론 타의 모범이 될 훌륭한 이름이다.'라고 적혀 있었다. 어린 나이에 그 뜻은 심오해 보이기까지 하여 잠시 우쭐했다. 아마도 친구의 오라버니가 서울대학교에 재학 중인 수재였기 때문이기도 했을 것 같다. 그래도 '분이'는 아니었다. 지금 와서 생각하니 얼마나 우스운 해석인지, 친구의 오라버님이 지금 살아 계신다면 농담이라도 한마디 할 수 있을 텐데… 두 사람 다 이 세상 사람이 아닌 것이 허전하다. 사람들은 모두 적수공권으로 태어나는 법, 재물을 안고 나오는 사람도 있던가. 하기야 그런 복덩이도 더러는 있어서 어느 손孫이 태어나자 그 가문이 불 일어나듯 왕성해졌다는 이야기도 있기는 하다. 살면서 힘들었던 때마다 도대체 대성은 언제 하고 염복은 언제나 나의 치마폭에 휘감길 것인가? 은근히 기대하지 않은 것도 아니다.

일복도 복이라면 그렇다고 할까. 사대봉사를 모시는 종가의 맏며느리로 시집을 와서 봉제사 접빈객하는 일복은 컸다. 앞으로 보아도 일, 뒤로 돌아서도 일, 행주치마가 마를 새 없었던 젊은 시절은 지금 생각하면 아뜩하기까지 하다. 지나온 삶의 편린을 들추어 보아도 대성이나 염복이라는 말은 가당치도 않았다.

세월처럼 까마득히 잊어버리고 있었던 이름에 대한 콤플렉스가 다시 심각한 문제가 되었다. 문학소녀의 꿈을 접지 못하고 갑년에 이르러서 수필가로 등단하게 되자 이름을 소개할 기회가 늘어나고, 다시 또 '분이'에 대한 해명으로 지칠 때쯤이었다. 이제는 꾀가 늘어 아예 처음부터 "서로 상에 향기로울 분입니다."라고 한자로 소개하면 연로하신 분들은 좋은 이름이라고 미소를 띠셨고, 훈이네 근이네 하며 되풀이되는 시비도 줄었다.

출판협회에서 편집인 과정을 공부할 때 글짓기 시간에 '내 이름'에 대한 글을 쓴 적이 있었다. '초 두 밑에 나눌 분'의 향기로울 분芬에 대하여, 늘 불만이었던 내 이름에 관한 글이었다. 풀 향기와 장미꽃을 으깨어 만든 향수를 소재로 하여 이 세상의 모든 향기로움은 자신을 버리고 비워야 이루어진다는 내용이었다. 어설픈 나의 글에 대해서 당시 강의를 맡아주셨던 문학평론가 김병익 선생님께서 해주신 격려와 칭찬이 어쩌면 내 이름으로서의 긍지를 느끼게 하였던 첫 번째 계기였다. 수필 지도교수님이신 오경자 선생님께서도 풀을 벨 때의 아픔보다 그 아픔을 승화시켜서 향기로움을 서로 나누는 의미로 풀이해 주셨다. 선덕여왕의 향훈을 품은 신라 최고의 사찰 분황사芬皇寺에도 내 이름자와 똑같은 분芬이 들어가 있으니 훌륭한 뜻의 좋은 이름이라고 격려를 주시는 분도 많았다.

최근에는 이름 자에 대한 글을 쓰기 위해 독실한 불교 신자이신 지인께도 여쭈어 보았다. 산스크리트어로 백련白蓮의 뜻을 가진 분다리카[芬陀利華]는 깨달음의 꽃으로 부처 그 자신, 최상의 아름다움, 부처나 보살의 가장 훌륭한 가르침을 나타내는 불교의 상징이라고 한다. 세간世間에 있지만 더러움에 물들지 않는다는 어니불염於泥不染의 덕, 한 번 씨를 맺으면 결코 잃어버림 없이 싹을 틔우는 종자부실種子不失의 덕, 꽃과 열매가 같이 일어난다는 화과동시華果同時의 덕은 위로는 부처의 지혜를 얻으려 수행하며, 아래로는 중생을 인도하는 보살의 길인 연화삼덕蓮華三德을 가리킨다. 어찌 한 번 물음으로 분芬에 대한 답을 그리 쉽게 얻을 것인가 부끄럽기만 했다.

나의 이름은 결코 쉽지 않았다. 물으면 물을수록, 풀면 풀수록 어렵고 깊어지는 뜻의 이름을 왜 주셨을까. 깨우침과 깨달음의 뜻을 구하신 아버지의 깊은 사랑을 반백이 되어도 깨닫지 못하는 나는 아직도 유년의 뜰을 벗어나지 못한 철부지 소녀의 마음이다.

"봄날 양지쪽의 작은 분이는 여류수필가가 되었고 고희를 앞둔 기나긴 삶을 건강히 이겨냈으니 대성한 염복가라 할 만합니까?"

훗날 저세상에 가서 옛 친구와 그 오라버님에게 이야기하려던 어리석은 생각도 접은 지 오래다. 상구보리上求菩提 하화중생下化衆生의 길은 아직도 멀기만 한데, 해는 벌써 서녘으로 기울지 않는가.

『수필문학』 2015 5

고장 난 시계

생애에서 처음으로 가지게 된 손목시계가 하필이면 고장 난 시계였다. 하지만 마음 놓고 만져보기조차 조심스러운 귀물이었다. 1898년부터 스위스의 작은 시계 공방에서 생산되기 시작한 뫼리스MOERIS라는 상표의 이 시계는 무척 귀한 예술품으로 보였다. 사실 18K로 만들어진 금팔찌에 가까운 디자인은 열다섯 소녀에게는 벅찼다. 뚜껑 안쪽에 고유번호까지 적혀 있어서 마치 이 세상에 몇 안 되는 보물처럼 여겨졌다. 박물관에 전시된 유물처럼 멈추어 선 그 시계가 나의 사춘기를 일으켜준 큰 힘이 되리라고는 생각지도 못한 일이다.

열두 살 어린 나이에 겪었던 중학교 입학시험의 낙방으로 인한 아픔은 무척이나 깊었다. 유서 깊은 E 여중의 입학이 쉬운 일이 아닌데도 모두 나의 시험 합격이야말로 '떼어 놓은 당상'이라고 말해

주었기에 더욱 슬펐다. 벽에 붙은 방榜을 누구보다도 먼저 보기 위해 어머니와 함께 아침 일찍부터 서둘렀다. 조선 기와를 얹은 교문을 들어가는 순간 어린 가슴은 얼마나 뛰었던가. 그러나 아무리 보고 또 보아도 없는 내 이름 석 자. 유관순 언니처럼 훌륭한 사람이 되리라는 꿈이 무너져 내렸다. 그 후 삼 년 동안 이번에는 그곳의 상급학교인 E 여고 입학에 도전하며 공을 들였다. 내가 그토록 다니고 싶었던 중학교에 가지 못한 아쉬움과 부끄러움을 만회하기 위하여 쌓았던 공든 탑이 또다시 무참하게 허물어지던 날, 그날 어머니는 당신이 가장 소중히 여기시던 손목시계를 열다섯 어린 딸에게 주셨다.

잔뜩 풀이 죽어 집에 돌아온 내게 어머니는 "괜찮다. 괜찮다."를 계속해서 말씀해 주시며 공부를 아무리 잘해도 시험 운은 다르다고만 하셨다. 두 번이나 실패하였는데 걱정이나 나무람은커녕 등을 토닥이며 위로해 주시는 어머니께 부끄러움도 모르고 울먹이기만 했다. 어머니는 비장한 결심을 하신 듯 장롱 속 깊은 곳에 간직하셨던 붉은 염낭 주머니를 꺼내어 내게 주시며 눈물을 그치게 해주셨다. 꽃수가 놓인 그 비단 주머니에는 금빛이 현란한 손목시계가 들어 있었다. 낙방의 충격이 너무도 엄청나서 어깨를 들먹이며 울던 나는 어린 마음에도 놀라서 말문이 막혔다. 아무 말도 못하고 있는 내게 어머니는 조용히 말씀하셨다.

"이 시계는 아버지가 해주신 결혼 예물이다. 이제부턴 네가 보관해라. 고장이 났는지 태엽이 감기지 않는구나. 지니고만 있어도 힘이 되느니라. 실패는 성공의 어머니라고 하지 않더냐? 지금부터 더욱 노력해서 이제는 훌륭한 대학을 목표로 삼아라. 그때를 위해 미리 선물하는 것이니 대학생이 되면 고쳐 줄게 잘 간직하거라."

정말 금시계의 덕이었는지 다시 용기를 내어 공부를 열심히 하였다. 단짝이었던 친구들이 모두 E 여대로 지원을 하는데 나는 정 반대 방향인 남녀공학의 대학으로 갔다. 그만큼 어린 가슴에 새겨진 옹이는 단단히 뭉쳐 있었다. 드디어 K대 농과대학 수석이라는 영예를 안았다. 나를 그토록 아프게 했던 두 번에 걸친 불명예를 단번에 씻어준 대학 합격은 힘들게 방을 보러 가지 않아도 되었다. 신문과 텔레비전의 뉴스에까지 나오는 영광을 누렸으니 한을 풀었다고나 해야 할까. 그래도 직접 학교를 찾아가서 확인해 보고 싶었다. 대운동장에 굵은 붓글씨로 천여 명의 이름을 일일이 써 붙인 합격자 방문榜文, 그중에 내 이름 석 자가 있었다. 하염없이 흐르는 눈물의 의미는 이제 슬픔이 아니라 기쁨이었다. 철부지 어린 날에 겪은 아픔들이 그 순간 모두 지워지는 듯했다. 어머니가 주신 염낭주머니 속의 금시계를 생각했다. 그 덕분이었을 것이다. 가끔 꺼내어 보는 것만으로도 내게 큰 힘과 용기를 주었던 고장 난 시계는 내 마음속에 굳건히 살아 있었다.

대학 생활은 마냥 찬란해서 고장 난 금빛 시계는 저만큼 잊어버리고 있었다. 오랜 세월 동안 깊이 감추어 두셨던 어머니의 마음을 이해하지 못한 불효막심한 여식일 뿐이었다. '결혼 예물인 그 좋은 시계의 태엽은 도대체 왜 고장이 났던 것일까?' 어머니에게 물어보려다가도 왠지 쑥스러워 지나쳐버리곤 했다. 어른이 된 후엔 몇 번이나 고장 난 태엽을 고쳐서 다시 어머니에게 드리려고 했지만, 부품을 구할 수가 없었고 이제는 어머니도 저세상에 가신 지 오래다. 중년을 지나고 백발이 늘어가면서 이제야 짐작할 뿐이다. 어머니는 일부러 그 시계를 고장을 내서 장롱 속에 깊이 넣어 두고 긴 세월을 접으신 사실을 어리석은 딸은 다 늦게야 깨달아 간다. 두 분의 결혼 예물이었던 아버지의 정표, 고장 난 시계의 힘으로 딸은 예까지 올 수 있지 않았던가.

그 옛날의 어머니처럼 나는 아직도 일백 년이 가까운 나이를 지닌 귀물을 지니고 있다. 가끔 알프스 산자락의 어느 오래된 시계 공방을 찾아가는 꿈을 꾸기도 한다. 극동의 조선이라는 나라에서 어느 신혼부부가 구매한 손목시계를 내보이며 뚜껑을 젖혀서 고유

번호를 알려주리라. 두꺼운 돋보기를 쓴 백발의 할아버지는 놀라운 눈으로 나를 바라볼 것이다. 그리고는 머리를 갸우뚱하며 오래된 창고의 어느 서랍에서 금시계의 고장 난 부품인 새로운 태엽을 찾아줄 것만 같다. "분더 바[기적이에요]!"라고 외치며 공방의 할아버지가 태엽을 갈아 끼우는 순간, 분침 초침이 재깍재깍 어울려 노래하며 움직인다. 어머니가 내게 해준 따뜻한 말씀처럼 "괜찮다, 괜찮다."라고 속삭이면서….

『계간문예』 2016 봄

박씨 물고 올 제비였나

다 저녁에 길 건너 재래시장에 다녀오는 길이었다. 꽃샘바람이 하도 유난해서 잠시라도 추위를 피하려고 상가로 들어섰다. 주상복합 건물 맨 아래층의 상가는 주민들의 통로로 이용되기도 한다. 유리문을 열고 들어서니 긴 복도에 거무죽죽한 새 한 마리가 웅크리고 앉아있다. 날씨가 추워서인지 텅 빈 통로는 오늘따라 아주 썰렁하다. 차디찬 화강암 바닥 한가운데 꼼짝 않고 죽은 듯이 보이는 새 한 마리, 새끼 비둘기다. 지나치지 못하고 다가서니 나를 피하려는 듯 힘들게 몇 발자국을 움직인다.

"어머나 너 비둘기 아냐? 어린 새끼네."

아직 날갯짓도 하지 못하는 새끼 비둘기를 향해 장 보따리는 어느새 내려놓은 채 녀석에게 말을 건다. 비둘기는 자꾸만 비척비척 달아나려 하고 나는 말을 걸며 한 걸음 두 걸음 쫓아간다. 어린 것이 힘든 걸음걸이로 도착한 곳은 미용실 앞이다. 유리문 안에 여자들 몇이 보일 뿐이다. 배가 고픈지 부리로 바닥을 쪼아보지만 차가운 돌바닥에서 무엇이 나오랴. 다시 또 움직인다. 커피숍이다. 마찬가지로 문은 굳게 닫혀 있고 비둘기가 나가야 할 출구는 한참이나 멀다. 그곳은 바람을 피해 내가 들어온 곳이 아닌가. 갑자기 내게 중대한 일이 생긴 것 같았다. 한 무리의 젊은이들이 와자지껄 떠들며 들어오다가 노파와 비둘기를 힐긋거리다 왼쪽 골목 식당으로 들어가 버린다.

안을까? 안아 올려야겠지? 안아서 저 바깥마당 나무 밑에 놓아주어야 할 듯싶다. 그런데 불현듯 병든 새인지도 모른다는 생각에 멈칫해진다. 조류인플루엔자란 단어까지 떠오르자 발길이 더 굳어진다. 어찌하나. 난 왜 저런 미물에 집착하길 잘하나. 차라리 추워도 그냥 큰길로 왔으면 비둘기는 못 만났을 것이다. 벌써 집에 도착해서 저녁을 짓고 있을 시간이다. 측은지심과 이기심 사이에 갈등이 오간다.

일단 장바구니를 식당 앞에 놓인 벤치에 올려놓고 다시 비둘기에게 다가간다. 그리고 천천히 방향을 조절하며 바깥마당 쪽 출구로 유인한다. 화강암 바닥이 미끄러워서인지 아직 걸음마가 시원치 않아서인지 한 걸음 한 걸음이 무척 지쳐 보인다. 그래도 내 말을 잘 알아듣는 것만 같다. 이쪽저쪽 모는 대로 움직여주는 비둘기를 덥석 안지 못하는 내가 비겁해 보인다. 얼른 안아서 옮겨줄 걸 모른 체 지나치지도 못하고 어린 것을 고생시키는 것 같다.

"그래 조금만 더 가. 이제 세탁소만 지나면 출구야, 힘내."

힘이 드는지 찍찍거리며 뭔가 대꾸도 하는데 어린 것의 말을 이 머리 검은 짐승이 알아듣지 못할 뿐이다.

"아니 새가 말귀도 잘 알아듣네요." 마침 시장에 다녀오던 옆 동 아주머니가 말을 건다. 함께 비둘기를 밖으로 내몰자고 아주머니에게 도움을 청하는 순간 녀석은 어느새 오른쪽 한의원 골목으로 뒤뚱거리며 걸어간다. 장바구니를 다시 챙겨서 들고 간신히 두 여자가 어린 비둘기 한 마리를 바깥마당으로 몰고 나왔다.

"이제부터 어쩐다니? 우선 이 구석에 좀 쉬고 있어. 찬 돌바닥보다는 마당이 나을 거야. 네 엄마가 널 찾아올지도 몰라. 엄마 말을 안 듣고 열린 상가 문으로 혼자 들어가서 길을 잃었겠지. 왜 그랬어. 엄마는 지금 엉뚱한 곳에서 널 찾아 헤맬 터인데. 조금만 거기 있어 봐. 얼른 올라가서 좁쌀 한 움큼이라도 가져다줄게."

숨을 할딱이며 힘들어하는 비둘기를 바람을 피할 수 있는 구석진 모퉁이까지 겨우 몰아 놓고는 아주머니와도 헤어져서 급히 집으로 올라왔다. 장바구니를 그대로 놓아둔 채 좁쌀을 찾았다. 대보름이

엊그제여서 오곡밥을 짓고 남은 좁쌀 봉지를 들고 뛰었다. 새를 두고 온 곳에 도착했을 때는 이미 어둑했다. 구석진 모퉁이에는 비둘기가 없었다. 주위를 둘러보고 찍찍 짹짹 불러보아도 어디서고 기척이 없다. 에미가 어린 새끼를 찾아갔을까. 아니면 죽을힘을 다해 날개를 펴고 정원수 가지 밑으로라도 날아갔을까.

허망해진 마음에 온 마당을 돌아본다. 잘못했다. 차라리 바깥으로 내몰지나 말 것을… 나 아닌 다른 어느 착한 사람이 그 새를 보았다면 얼른 안아서 안전한 곳에 피신시켰을지도 모른다. 겁 많고 어리석은 나는 스스로의 안위와 어설픈 동정심 사이를 하릴없이 오갔을 뿐이다. 위선이었다. 잠깐 안는다고 곧바로 이상한 병이 전염될까? 철새도 아닌 비둘기를 통해 조류인플루엔자나 이상한 바이러스에 감염되는 것도 아닐 것이다. 마당을 어슬렁거리는 고양이 한 마리를 공연히 노려본다. 어설픈 의구심에 한 생명을 죽이지나 않았나 자책감마저 든다. 여기저기 구석진 곳을 다 둘러보아도 이미 엎질러진 물, 아무 데도 비둘기의 자취는 없다. 주차장으로 마당으로 헤매다 깜깜해져서 들어온 내게 늦어진 저녁을 탓하는 듯 남편이 웃으며 농을 한다.

"마나님, 박씨 물고 올 제비를 놓쳤나 봅니다."

그럴까? 비둘기를 잘 돌보다가 날려 보낸다면 정말 행운의 박씨를 물어다 줄까. 가여운 비둘기를 찾지 못하고 지쳐 돌아온 내게 남편은 흥부전으로 위로를 한다. 길 가다 우연히 만난 새 한 마리가 마음속 깊은 데를 아프게 한다. 그 미물에게 무엇을 바랐으랴. 부디 꽃샘추위에 무사히 제 어미 품을 찾았기 바랄 뿐이다.

날개를 활짝 펴고 비상하는 한 마리 평화의 비둘기, 새 생명의 환희를 그리며….

『문학시대』 2015 봄

아름다운 자리

일박 이일의 문학기행을 떠나는 아침이다. 만추지절의 찬란하던 날씨가 하필이면 오늘 이렇게 급변하여 차가운 비까지 추적이는지. 강철이 간 데는 가을도 봄이라더니 정말 그런가 보다. 따뜻한 옷가지며 목도리, 운동화에 우산까지 든 작은 가방이 제법 묵직하다. 전철 객차에 탑승하자 바로 앞에서 곱슬머리의 흑인이 빈자리를 가리키며 앉으라고 권한다. 나의 하얗게 센 머리카락에서 늙음을 보았으리라.

"감사해요, 하지만 저 자리는 임신한 여성을 위한 자리예요."

호의를 보였으나 거절하는 할머니에게 어깨를 으쓱하며 시니컬한 표정을 짓는다. 서양의 젊은이지만 노인을 배려하는 따뜻한 마음씀에 거듭 감사의 표시를 하고 임산부를 표시한 그림까지 손짓하며 나는 괜찮다고 그의 민망함을 어루만져 준다.

그렇게 임산부를 배려하는 자리는 비어있는 채로 두어 정거장을 갔나 보다. 나나 그 흑인이나 서서 가며 핸드폰을 보고 있었다. 그러나 이게 웬일인가. 바로 그 자리에 어느 틈엔가 한 젊은 청년이 앉아 있다. 눈을 감고 귀에는 리시버를 꽂은 채로. 공연히 내 얼굴이 뜨거워진다. 내게 빈자리를 권하던 흑인과 임산부 배려석에 앉은 젊은 남자를 번갈아 본다. 둘 다 아무런 표정의 변화나 움직임도 없는데 나만 혼자서 속이 상해서 부글거리는 마음을 가누지 못한다.

"이 자리는 임산부 배려석입니다."

젊은이를 일으켜 세우며 하고 싶은 말을 꿀꺽꿀꺽 참으려니 혈압이 오르는 듯 목덜미가 뻣뻣하지만, 이 상황을 도대체 어찌할 것인가.

"나도 앉아가고 싶은 늙은이이고 그래서 저 사람도 내게 임산부석임을 알면서도 자리를 권했을 것이네. 하지만 자네도 오죽 피곤하면 그 자리에서 눈을 감고 앉아 있을까. 청춘의 삶이 힘들고 아픈 이 시대 상황을 우리 모두 안타깝게 보고 있다네. 그러나 그래도 그 자리는 아무리 힘들어도 비워두는 아름다운 자리라는 것을 알아주었으면 좋겠네. 대한민국의 출산율이 드디어 선진국에서도 유례없는 1.0 아래로 떨어지고 있는 사실을 모르는가. 저출산의 초고령화 사회로 치닫는 작금의 현상에서 우리 늙은이를 받들 사람이 없어서만은 아니네. 어떻게 이룩한 이 나라인가. 나라를 빼앗기고 나라말도 못 쓰던 일본의 압제를 벗어나기 위한 피어린 독립운동을 하던 때가 결코 먼 이야기가 아니네. 다시 일으킨 위대한 우리 조국 대한민국을 굳건히 지키고 더더욱 발전시켜 나아갈 후대의 번영을 위한 기도의 마음이라네. 한낱 자리 양보 행위 하나로 출산율이 높아지는 것은 아니겠지. 그러나 그런 작은 배려의 마음들이 합해지고 그런 정신이 이 사회에 가득하면 세상은 얼마나 따뜻해질까, 더 나은 장래 밝고 힘찬 사회를 위해 우리 작은 것부터 다시 생각해 보세."

나는 혼자 생각으로만 청년에게 말하고 정작 그는 꿈쩍도 하지 않고 잠에 취한 듯하다.

한창 일할 나이, 아이 아빠가 됨직한 30대의 청년이다. 결혼은 했을까? 젊은이를 향한 분노가 차츰 연민으로 바뀐다. 연애, 결혼, 출산 모두를 포기한 3포 세대에서 시작하여 집과 경력도 포기한 5포에 이어서 희망과 인간관계마저 포기한 7포 세대로 확장 중이라는 이 시대 청년들의 아픔을 읽는 듯 서 있는 내가 오히려 불편하다. 반백 년 전 대학생이었던 우리들이 여름방학 농촌계몽을 하러 가면 피임기구를 나누어주던 시절도 있었다. '아들딸 가리지 말고 둘만 낳아 잘 기르자' '두 집 건너 하나만 낳기' 운동까지 심각한 표어들이 벽에 붙어 있곤 했었다. 요즘의 젊은 세대들은 상상도 못할 그 어려운 시대를 우리는 이겨냈다. 베이비붐 세대를 오늘의 젊은 청춘들은 어떻게 이해할까. 해방 후 그리고 6.25 이후 태어나 배고픔과 뼈저린 가난 속에서 주경야독으로 성장한 세대들이 아닌가. 개인은 물론 집안을 이루고 국가발전에 이바지한 세대들의 이야기를 한낱 과거에 있었던 전설로만 남겨야 할까. 단군 이래 최고의 번영을 이룩한 세대는 끝없이 추락하는 갖가지 현실 세태를 보며 안타깝고 슬프다.

목적지에 닿아 전철을 내리며 다시 그 잠자는 젊은이와 흑인을 번갈아 보았다. 승객 모두가 아무렇지도 않은 듯 다들 각각의 스마트폰에 몰입하여 자라목이 되어서 각각의 목적지를 향해 간다. 어느 누구도 쓴소리 하나 하지 않고 무심하게 앉아 있다. 아, 나도 똑같이 무책임한 노인이 아닌가. 만일 젊은이를 깨워서 여기는 임산부를 위해 비워두는 아름다운 자리라고 했다면 그의 반응은 어땠을까. 무안해하며 말없이 자리를 비워주었을까, 아니면 내게 경로석 할머니가 무슨 상관이냐고 대들었을까. 더한 욕설이나 심지어는 주먹을 휘둘러 뉴스에도 이따금 보도되는 상황이 되었을지도 모르겠다. 어쩌면 나 자신도 그것이 겁나고 두려워서 비겁하게 그냥 돌아섰는지도 모른다. 한 작은 구석에서나마 이웃과 약한 사람을 배려하는 질서가 유지되고 곳곳에 그런 정신과 운동이 퍼져 나간다면 세상은 얼마나 아름다워질까.

견문을 넓히고 사유와 성찰을 위해 떠나는 문학기행의 시작에서부터 가라앉는 마음이다. 그 작은 행위, 아름다운 자리 하나도 지켜주지 못함이 안타깝다. 아름다운 시구가 무엇인가. 좋은 글이 무슨 소용인가. 젊은이의 마음 하나 달래주지 못하는 늙음이 한없이 부끄럽기만 하다.

『푸른솔문학』 2018 겨울

무궁화

어머니가 돌아가시고 나서 유품을 정리하다가 낡고 오래된 두루마리 속에 보관된 수예작품 하나를 발견하였다. 얼룩지고 빛바랜 옥양목에 수놓인 한반도 모양의 무궁화 지도였다. 태백산맥을 상징하는 나무줄기에 함경북도에서 제주도까지 13도를 상징하는 열 세 송이의 무궁화가 꽃피어 있었다. 아들의 사주풀이가 적힌 한지와 함께 말아서 보관된 것으로 보아 특별히 소중하게 지니셨던 것 같다. 한눈에도 값진 작품은 아니었지만 우리나라의 국화인 무궁화를 삼천리금수강산에 가득히 심은 듯 땀땀이 수놓은 그 뜻이 범상치 않게 보였다. 때때로 꺼내어 보고는 궁금증이 일다가도 다시 두루마리에 말아 넣어 두고 한동안을 또 잊어버리곤 했다. 이 세상에 더없이 소중한 아들의 출생과 성장, 결혼과 성공을 점쳐본 사주풀이와 무궁화지도가 함께 들어있는 까닭은 무엇이었을까. 아들에 대한 축원과 무궁화 지도의 상관관계는 그렇게 오래된 수수께끼였다.

무궁화는 익히 알고 있는 대로 우리나라에 아주 오래전부터 자생하고 있는 아름답고 슬기로운 꽃이다. 동양 최고의 지리서인 중국의 『산해경』에는 우리나라를 근역槿域, 근화향槿花鄕이라 지칭하고 "군자국에는 이른 아침에 피고 저녁에 지는 아름답고 향기로운 꽃이 있다."고 기술되어 있다 한다. 마치 우리 민족의 근면성, 강인함, 순결과 지조가 그 꽃의 특성과 닮았음을 그들은 일찍이 깨달았음이리라. 화무십일홍이라 하지 않던가. 씨 뿌리고 키우고 정성들이는 긴 시간에 비하여 잠깐 동안 화려하게 피었다 지는 것이 대개의 꽃들의 생명이다. 그러나 이 꽃은 그 신비로움에 보는 사람으로 하여금 저절로 고개를 숙이게 하는, 사람이 어찌 살아야 하는가에 대한 지혜로움을 가르쳐 준다. 부지런하지 못한 사람은 그 꽃이 언제 피는 줄도 모른다. 동이 틀 무렵 피어나서 해가 지면 어김없이 꽃잎을 아물려 닫는 모습이 '섬세한 아름다움'이란 꽃말에 그대로 닿아 있다.

아시아와 동남부 유럽까지 재배되는 이 꽃은 250종이 넘는데 우리나라에서만 자라는 품종이 200여 종이 된다 하니 『산해경』에 기록된 근화향의 의미가 더욱 확실해진다. 서양 사람들은 이 꽃을 '샤론의 장미rose of sharon'라고 한다. 동양을 향해 가지고 있는 신비스러움의 의미와 팔레스티나 샤론평원에 피어나는 아름다운 꽃이라는 뜻을 찾아볼 수 있다. 마치 가보지 못한 이상향에 대한 동경처럼 지구상의 많은 사람들에게 사랑받는 이 꽃이 대한민국의 국화로 지정되었음은 우리의 긍지이자 자랑스러운 일이다. 7월에서 9월까지 거의 백일동안 무궁하게 피고 지는 개화시기만 보아도 우리 민족의 끈기와 집념 그리고 인내를 대변하지 않겠는가. 그중에도 광복절인 8월 15일경에 가장 많은 꽃을 피우는 것 또한, 우연이 아닌 나라 사랑의 꽃임을 온 세상에 알리는 것이리라.

어머니의 자수, 무궁화 지도를 본 이후 그 유래를 더듬다가 조선 말기 독립운동가 남궁억 선생의 무궁화 사랑을 통한 애국의 길을 알게 되었다. 경술국치 후 조국을 잃은 설움과 고통에 해외로 망명하거나 자결하는 열사도 많았지만 국권 회복의 길은 오직 교육에 있다는 신념으로 남선생은 배화학당의 교사가 되었다. 일제의 압박이 점점 더욱 심해지자 농촌으로 들어가 전국적으로 무궁화를 심어 민족정신을 드높이려 애썼다. 묘목을 재배해서 전국 각지에 보내어 무궁화 심기 운동을 전개하다가 체포 투옥되어 모진 고생 끝에 1939년 별세하며 남긴 유언 또한 오직 무궁화 사랑이었다. "내가 죽거든 무덤을 만들지 말고 무궁화나무 밑에 묻어 거름이라도 되게 하라."는 말씀을 남긴 끈기와 인내와 지조의 삶이었다. 애국애족의 염원이 담긴 무궁화 지도의 자수 도안도 손수 그분이 그려 남기셨다고 한다. 해방과 독립을 위해 몸소 그 뜻을 실천한 많은 독립투사 중의 한 분이신 남궁억 선생의 위업은 후대에도 길이길이 알려져 그분의 특별한 나라 사랑의 뜻이 보람되게 빛나야 할 것이다.

나는 많이 부끄러웠다. 원예학을 전공하고 원예치료정원까지 운영한 농학도로서 우리의 나라꽃인 무궁화에 대하여 너무 무심했다. 나라의 꽃은 관공서나 길거리에만 재배하여 관리하는 것이 아니라 온 국민이 사랑해야 할 것이다. 꽃의 아름다움이나 식물학적인 특성에서 배우는 지혜로움을 넘어선 남궁억 선생의 끝없는 무궁화 사랑은 나의 가슴 깊은 데를 울렸다. 비로소 어머니의 낡고 오래되어 얼룩진 무궁화 지도의 사연도 어렴풋이나마 깨닫게 되었다. 일제의 눈을 피해 몰래몰래 옥양목 헝겊에라도 한 그루 한 그루 무궁화를 심듯이 수를 놓던 어머니가 보이는 듯했다. 열세 송이의 무궁화를 다 꽃피워 놓고도 자랑도 하지 못한 채 장롱 깊은데 감추어 두셨을 어머니의 모습도 보인다. 해방이 되고 태어난 귀한 아들의 미래를 축원하시며 사주풀이 두루마리에 고이 말아두셨던 까닭도 알 듯하다. 무병장수하여 무궁화처럼 강인하고 지조 있는 나라의 일꾼이 되라는 염원을 삼천리금수강산에 한 땀 한 땀의 정성으로 심으셨을 것이다.

내가 어머니의 연세가 되어 이 세상을 하직할 무렵에는 무엇을 남길 수 있을까? 그때면 어머니의 무궁화 지도는 한 세기가 지나는 세월에 더욱 빛바래고 낡아질 것이다. 그 한 송이 한 송이의 꽃을 생명의 나무로 키워가는 새로운 길닦이를 나는 비로소 시작했다. 정원의 가장 한가운데에 심은 한 그루의 무궁화가 삼 년 만에 드디어 꽃을 피웠다. 단심丹心이 선명한 연보랏빛 꽃이 피는 모습을 보기 위해 새벽길을 달려간다. 어머니의 뜻을 받들어 생명의 무궁화 나무를 더 많이 심으리라. 한 그루의 나무에서 열세 송이의 꽃이 핀 무궁화 지도의 의미처럼 해마다 많은 숫자의 무궁화나무로 번식되어 갈 것이다. 일제의 감시를 피해 몰래 숨죽이며 무궁화 지도를 수놓아야만 했던 암흑의 시대는 갔다. 이십일 세기의 자유민주주의 국가 대한민국의 어머니로서 당당하게 향기로운 무궁화동산을 만들어 나가리라. 돌아가신 어머니의 소망, 빛바랜 옥양목 천에 수놓인 꽃들은 이제 하늘과 태양과 바람과 비를 맘껏 누리며 피어나리라. 꽃처럼 아름답고 씩씩한 우리의 아들딸들이 무궁히 지켜갈 무궁화 화려강산을 위해 어머니의 꿈을 이룩하리라.

『사상과 문학』 2014 겨울

가마솥에서 옹솥가기

또 한 해가 가고 설 명절, 정월 초하루가 밝아 온다. 새벽부터 차례상을 진설하는 몸과 마음이 바쁘다. 주방과 거실을 부산히 오가며 제기를 나른다. 전이며 적을 담고 식혜와 떡, 과일을 담는다. 문득 생각나는 어머니의 이야기 중에 '가마솥에서 옹솥가기'라는 말씀이 떠오른다. 부엌 가득히 서린 훈김 속 어린 날의 추억이 솥단지 걸려 있던 부뚜막에 닿는다. 중솥을 가운데 두고 반들반들 빛나던 옹솥과 큰 가마솥이 좌우로 나란히 있었다. 더운물을 끓이거나 잔치가 있을 때나 사용했던 가마솥 뚜껑까지도 늘 반들거리게 닦아 두어야 마음이 편하셨던 어머니는 부엌을 다스리고 지켜주는 조왕신에 대한 정성까지 깊으셨다. 작은 옹솥과 큰 가마솥 사이의 거리는 삼 미터나 되었을까. 그 사이를 몇 십 년 세월로 표현한 어머니의 말씀, 그 깊은 뜻을 깨닫는다.

그때는 설날을 손꼽아 기다리기만 하면 되는 줄 알았다. 어머니가 며칠 밤을 새워 만들어준 고운 설빔을 입고 어르신들께 세배를 드리는 것이 전부인 줄 알았다. 세뱃돈을 받으면 무얼 할까를 꿈꾸며 그렇게 생각 없이 섣달 내내 들떠 있던 철부지였다. 눈코 뜰 새 없이 바쁜 어머니를 따라다니며 뭔가를 졸라대며 묻고 또 물었을 것이다. 설날엔 누가 오시나, 정초에 세배를 갈 수 있는 가까운 친척들까지 꼽아보며 바쁜 어머니를 귀찮게 하던 어린 소녀는 이제 반백이 되었다. 꿈같이 가버린 어린 시절을 이야기해 주시며 표현하신 말씀을 이제야 깨닫는다. 어머니와 나의 기다림은 어쩌면 시공을 초월한 똑같은 개념이었을 것이다. 그것은 그렇게도 빨리 달려가는 세월이어서 눈 깜짝할 새에 지나갔다는 시간의 흐름이었음을 이제야 느낀다. 아마 어머니도 외할머니께 어린 날의 나처럼 졸라대며 응석을 부리면서 그런 말씀을 들었을지도 모르겠다.

참으로 빠른 세월이다. 세월만 그런가. 풍물이 그렇고 세시풍속이 덩달아 빠르게 변화한다. 그것을 문명이라고 해야 하나. 문화라고 추켜세워야 하나. 세상이, 사람들의 마음이 너무도 많이 달라지고 있다. 좋은 전통과 풍습이 사라지며 오로지 개인의 행복과 안락함에만 충실한 이기주의로 가득하다. 가족 간의 따뜻함이나 배려 존경심과 사랑이 무너져 가는 모습이 안타깝다는 세모의 이야기들로 미간이 찌푸려지기도 한다. 한편으로는 '탕국에 빠져 죽어도 종부가 좋다.'는 이야기를 할 수 있는 종가의 맏며느리들도 아직은 곳곳에 건재하니 다행이다. 그 책임만큼 권위도 튼튼해서 집안의 누구도 왈가왈부할 수 없는 자리가 아닌가. 수많은 식솔을 책임지며 접빈객 봉제사를 도맡아 큰살림을 꾸려간 종부는 나눔과 화합의 실천을 덕목으로 어려운 시대의 한구석을 지켜온 기둥이기도 했다. 빠져 죽을 만큼 큰 가마솥에 밥을 짓고 국을 끓여 나누었던 큰살림들이 이제는 가지를 많이 치고 나뉘었다. 간단하고 편안하고 탈권위의 자유분방한 개인적 삶이 더 중요하다고 외친다.

문명사회에서 핵가족 단위의 현대를 사는 우리에게 이제 설이나 명절은 서양의 크리스마스나 부활절처럼 그저 선물을 주고받는 축제나 긴 연휴의 개념으로 바뀌는 듯하다. 나처럼 어리석게 아직도 사대봉사를 하는 사람도 흔치는 않을 듯하다. 정성 어린 준비를 통해서 조상을 향해 감사드리고 후손을 위해 안녕과 행복을 비는 것은 결코 샤머니즘이 아니다. 나를 낳아주신 분들 내가 낳은 자손을 위한 경건한 기도의 예식이다. 이 아름다운 차례와 제사의 전통 때문에 신혼 가정이 파경에 이를 지경이라는 뉴스가 대서특필되는 세상이 되었다니 걱정이다. 언제부터인가 위패를 들고 다니며 휴가지에서 주문 배달한 제물로 올리는 차례까지 등장했으니 그 대안일까? 그뿐인가. 점입가경이다. 시댁이 부담스러워서, 고부간의 갈등이 커서, 왜 여자만 부엌에서 일하며 명절을 지내야 하느냐는 까닭으로 이혼 이야기까지 떠도는 무서운 시대가 되었다. 명절증후군이라는 이 어려운 증상을 향한 우려의 목소리를 우리는 어떻게 조화롭게 해결해 나아가야 할까. 더 큰 사랑으로 더 깊은 관용과 포용으로 서로 다가서는 길, 오직 그 길이 있을 뿐이다.

어머니가 할머니에게서 들었을, 그리고 내가 어머니를 통해 들었던 이야기 '가마솥에서 옹솥가기'만한 거리의 시간이다. 이제 그 옛날 부엌의 정겨운 부뚜막은 간편한 주방의 조리대로 변신을 했다. 아궁이의 불꽃을 바라보던 신비스러움도 살강 밑의 비밀스러움도 김 서린 유리창에 글씨를 써보는 낭만도 없다. 훈김이 서린 어머니의 부엌이 그래서 이렇게 무시로 그리워진다. 서로 조금씩 마음만 나눌 수 있다면 몇 가지 일쯤이야 아무것도 아니다. 식구들 모두 모여 명절도 차례도 즐겁게 지낼 수 있으리. 이제 옹솥도 가마솥도 없으니 무엇으로 아름다운 우리 삼대 모녀의 흘러간 시간을 가늠해 볼까. 돌이켜지지 않는 마냥 그리운 날들이 지금도 가고 있다.

『순수문학』 2018 3

3

명사십리

아침에 눈을 뜨자마자 베란다로 나갔다. 해송 푸른 가지 사이로 옥빛 바다가 들어와 있다. 가슴이 뛴다. 아직도 내게 이런 마음이 남아 있다니… 소나무 꽃이 한창이어서 싱그럽게 쭉쭉 뻗은 꽃가지에 동박새 한 마리가 앉아 지저귄다. 그 작은 몸에도 꽃가지가 휘청인다. 어디선가 또 한 마리가 화답하더니 둘이 다 포르르 날아간다. 송홧가루라도 날릴 듯 청명한 봄날이다. 파도 소리에 끌려 해변으로 나갔다.

문학의 집을 다녀오다

12월, 마지막 한 장 남은 달력에 이런저런 송년 모임들을 적어 넣는다. 오랜만에 만나게 되는 그리운 사람들을 떠올리며 세모의 쓸쓸함을 달래는 시간이기도 하다. 그중에서도 소중한 의미로 다가오는 연말 행사는 여러 문학단체에서 개최하는 송년 모임이다. 한 해를 마무리하는 권위 있는 문학상 수상식은 그 식장에 참석할 수 있는 것만으로도 보람이 크다. 어려운 자리임을 알면서도 용기를 내어 그런 큰 행사에 참석하는 까닭은, 평소에는 들을 수 없는 훌륭한 분들의 귀한 말씀에 더욱 큰 의미를 두기 때문이다.

문단의 원로시인, 소설가, 평론가를 위시한 선배 작가들을 가까이 뵐 수 있는 것은 큰 영광이다. 그분들의 명성과 다가설 수 없는 외경심에 가슴 설레며 뒷자리 한구석이라도 차지하고 훌륭한 말씀을 듣는 것만으로도 벅찬 기분이 되기 때문이다. 신문 보도나 TV를 통해서 짧은 수상 소식을 접할 수도 있겠지만, 행사가 바로 진행되는 공간에서 보고 듣고 느끼며 나누는 교감은 늘 특별한 감동을 준다. 더구나 평소에 읽었던 그분의 글과 말씀이 일치할 때, 그리고 그 말씀에 진정성이 느껴질 때의 충일된 행복감을 어찌 표현할까? 탁월하게 허구를 구성하는 유명한 소설가와 감성과 영감을 형상화하여 빛나는 언어를 조탁하는 시인들. 그분들의 작품이 독자들의 마음과 합일되고 감동을 줄 때에야 비로소 빛나는 예술작품이 탄생하는 것이 아닐까? 엄숙함과 존경심이 하나가 되는 수상식장의 분위기, 그 특별한 만남의 장場이 벌써 기다려진다.

지난해 문학의 집에서 있었던 PEN문학상 수상식장에서의 한 장면이다. 축사를 해주신 시인 김남조 선생님의 해마다 달라지시는 모습이 애잔해 보였다. 지팡이에 의지한 노구를 후배 시인이 단상으로 모셨다. 청중들의 걱정과는 달리 꼿꼿한 의지처럼 오랫동안 선 자세로 조근조근 일러주시는 말씀은 금과옥조이다. '어두운 밤에 홀로 촛불을 들고 걸어가는 외로운 행로, 낙타를 타고 하염없이 끝없는 지평선을 향해 가는 기나긴 여로, 그리고 봄을 준비하는 겨울나무의 그 아픔과 고통의 생리를 통하여 문학의 본질에 대해' 말씀해 주셨다. "그럼에도 불구하고 누군가 그 험하고 힘든 길을 다시 가려느냐고 묻는다면 그래도 다시 가고 싶다."는 문학의 길에서 그분이 당부하고 격려해준 두 가지 이야기가 오래도록 기억될 것 같다.

"아무리 메마른 사막이라도 깊이깊이 파면 물은 나오게 되어 있다."

"마라톤 경기에서 맨 꼴찌로 들어오는 사람이 참으로 마음에 드는 사람다운 사람이다."

사막에서 물을 찾으려면 얼마나 험난하고 고될까. 사람 키의 몇 길을 파고 또 파도 물이 보이지 않는 상황을 생각해 본다. 전후좌우 어디로 흐를지 모르는 땅속의 물길을 찾아 깊은 우물을 파는 과정은 바로 우리가 한 편의 좋은 글을 쓰는 길이 아닌가. 체험과 관찰, 상상과 사유를 통한 깨달음을 적절한 소재에 담아 형상화하기까지는 얼마나 아픈 고뇌를 겪어야 하는가. 뜨거운 가슴을 달구어 쓰고, 냉철한 이성으로 머리를 가다듬으며 다시 써야 한다. 풀무에 달군 쇠붙이를 담금질하여 두드리듯, 밀고 당기어 홍두깨에 말아 다듬이질하듯 오랜 단련을 겪어야 한다. 비로소 반듯한 한 줄의 문장이, 한 문단의 글이 이루어지는 과정을 그려보며 그분의 말씀을 나름대로 해석해 본다. 깊이깊이 파야 한다고 하셨다, 사막에서 물이 나오도록. 더 맑은 물, 더 시원한 물, 생명수가 될 하나의 아름다운 작품을 위하여.

장거리를 완주해야 하는 마라톤은 우리 인생과도 많이 비유된다.

긴 코스를 이겨내고 마지막 결승 골을 향하여 달려 들어오는 우승자의 초인적인 기록에 모두들 환호와 열광을 한다. 그러나 "우리는 맨 나중에 꼴찌로 입장하더라도 마지막까지 최선을 다하는 사람 같은 사람이 되자"고 말씀하셨다. 우승에 모든 것을 거는 경주자의 자세가 아닌, 겸양할 줄 아는 사람, 베푸는 사람 나누는 사람에 더 큰 뜻을 두자고 하셨다. 가득한 청중으로 식장은 입추의 여지가 없었다. 식순 내내 맨 뒷자리에 서서 경청하는 문인들에 대한 따듯한 인사도 잊지 않으셨다. 선생님 특유의 차가운 미소가 느닷없이 부드러워지는 모습에서 알 수 없는 슬픔을 본다. 몇 번이고 반복하시던 엇비슷한 표현, '가장 늙은 가슴의 연민'은 문학을 넘어선 보편적 인류애를 뜻함이 아니었을까?

긴 수상식이 끝나고 되돌아오는 길, 남산 자락의 겨울밤은 언제나 차다. 그래도 추운 줄 몰랐다. 나목 사이로 부는 바람결은 오히려 들뜬 가슴을 진정시켜 주는 듯했다. 식장에서의 감탄, 외경, 그 엄숙함에 짓눌린 열기를 어느 누구와도 섞지 않고 홀로 가슴에 새기며 걸어 내려오는 밤길의 황홀함을 누가 알리. 저 별은 알까 내 마음을, 달님은 알까 이 고독한 문학 사랑을. 사막에서 우물을 파고 길고 험난한 마라톤을 완주하는 자세로 임하는 문학의 길을 우리는 왜 가야 하나. 아무도 가라 하지 않고 오라 하지도 않는 외로운 길을 스스로 헤쳐 가야 할 뿐이다. 비탈에 서 있는 겨울나무들, 푸르던 잎들을 다 떨어내고 나목으로 서서 이듬해 봄을 채워가는 텅 빈 마음을 읽는다. 앙상한 가지들과 마른 줄기, 보이지 않는 뿌리에 눈물겹도록 조금씩 찬란한 봄을 마련하며 겨울을 이겨낼 것이다.

올해도 그렇게 남산 자락의 바람을 끌어안으며 문학의 집을 다녀올 것이다.

『PEN문학』 2014 3-4

효원의 성곽도시 수원 화성에서

어제 유월 유두, 보름달 밤에 호반을 거닐었다. 원천 광교 호반, 달무리 진 하늘의 달과 호수에 잠긴 달을 보니 술잔에 어린 달과 그대 두 눈에 잠긴 달도 그리웠나 보다. 아득한 옛날의 추억을 밟으며 거닐던 여름밤의 낭만도 잠깐, 아침 해는 어느새 불같이 달구어져 뜨겁다. 청나라 건륭황제의 칠순 잔치에 사절단으로 동행하였던 연암의 『열하일기』, 그중에 '일신수필'이 쓰인 날을 기준으로 하여 제정된 수필의 날 행사 중이다. 복중 나들이의 무더위를 겪을 때마다 애써 참으며 선인의 기행수필에 쓰인 문학적 역량은 물론 시대를 넘어선 새로운 배움과 탐구에 대한 열정을 본받으려는 마음이 된다. 효원의 성곽도시 수원 화성에서 열리는 올해의 기념행사는 그 어느 해보다도 감회가 짙고 깊어서 오래도록 잊히지 않을 것 같다.

이백오십 년 전 음력 윤 오월 스무하루, 그 복중 더위에 비하랴. 그날, 비운의 사도세자, 뒤주 속 죽음보다 더할까. 염천폭양이 내리 쪼이는 대전 앞뜰에 동그마니 서 있는 뒤주 하나. 개미 한 마리 얼씬도 못 하는 삼엄한 경비 속에 뒤주 안에 갇힌 채로 여드레만의 죽음이 보이는 듯하다. 정수리에 햇살이 꽂히는 한나절이었을 것만 같다. 다리도 뻗지 못하고 온몸을 쥐어뜯다 사지를 오그린 채 비운의 명을 끝냈을 세자의 그날을 생각하면 하루 이틀의 더위를 어찌 푸념하리. 쥐죽은 듯 고요한 뜰 한구석에 숨도 쉬지 못하며 아버지의 참혹한 죽음을 지켜보아야 했던 어린 이산의 방망이 치던 가슴은 어떠했을까. 열한 살 나이의 세손은 아버지의 참혹한 죽음을 다 보았고 들었다. 그러함에도 그 모든 사실에 대해 어떠한 말도 행위도 하지 못한 채 왕좌에 오르기까지의 신산했던 삶을 생각하면 가슴이 조여든다.

사도세자의 묘역인 융릉을 참배하는 중에 조선왕조 중기의 역사를 떠올리며 참혹했던 장면들을 그려 본다. 단일 왕조가 오백 년을 이어 가는데 어찌 순탄한 날들만 있었을까? 인의예지를 숭상하는 유교를 바탕으로 명분과 실리의 간극에서 왕의 권좌를 지키며 백성을 아끼는 군왕의 도리와 책무는 지난하기 이를 데 없었을 것이다. 자신의 아버지를 참형에 처한 친할아버지 영조의 그늘에서 그는 어떻게 하루하루를 이겨냈을까. 뒤주 속에 사랑하던 아들을 가두어 죽였지만 곧바로 후회하고 천추의 한을 남긴 애달픈 뜻을 기려 사도思悼라 명한 할아버지 영조의 비통함을 손자는 얼마만큼 이해하고 포용할 수 있었을까. 천신만고 끝에 "나는 사도세자의 아들이다."를 큰소리로 외치던 날, 그는 조선 왕조 22대 국왕으로 드디어 등극을 하게 된다. 할아버지에게 읍소하며 구한 것은 오직 『승정원일기』에서 아버지 사도세자에 대한 아픈 기록의 삭제였다지만, 후세의 우리는 실록에 근거한 허구까지 곁들여 그 이야기들을 속속들이 알고 있지 않은가.

겨우 돌이 지났을 때 왕세자에 봉해진 사도세자는 유난히도 총명하여 임금 왕王자를 짚으면 아버지인 영조를 가리켰고 세世자를 짚으면 자신을 가리키며 재롱을 부렸다 한다. 세 살 때 해득한 한자가 이미 63자에 이르러 시문을 지을 정도여서 유년기 사도세자에 대한 영조의 사랑은 각별했다. 늦은 나이에 얻은 첫 소생을 잃어버린 다음이라 아들에 대한 집착이 유별한 터에 총명함까지 갖춘 돌잡이 어린 동궁을 일찍이 왕세자로 옹립한 것은 너무도 당연한 일이었다. 그러나 세상만사가 어디 순리대로만 흘러가던가. 오로지 군왕의 도를 가르치기 위한 아버지 영조의 지나치게 엄격한 교육은 천진하고 영특하던 왕세자를 빗나가게 만들었으며 결국은 학문마저

게을리하고 방황하게 만들었다. 경학에 나아가면 사부가 지켜보는 앞에서 힐책을 하며 상처를 주는 아버지에게 고개 숙이고 무릎 꿇는 날이 점점 더 많아졌다. 계모인 정순왕후의 모함으로 부자간의 갈등 또한 돌이킬 수 없는 깊은 골을 만들었다. 온 천하를 맡기고자 했던 아버지의 지나친 기대와 강압은 오히려 그를 정신적 방황으로 내몰았고 숱한 기행을 저지르게 만들었다.

그 모든 사실을 목격하면서도 한마디 진언도 못하고 한숨과 눈물로 세월을 보내며 일생을 살아낸 세자빈 혜경궁 홍씨, 그녀가 피눈물로 써 내려간 한중록에도 차마 적을 수 없었던 일은 또 얼마나 많았을까. 구중궁궐의 비화가 어찌 이 한 가지일까만 천륜을 부정한 그 끔찍한 이야기는 조선왕조의 대표적인 당쟁의 희생 제물이기도 하다. 당시 영의정이자 노론의 수장이었던 홍봉한은 혜경궁 홍씨의 친정아버지였다. 아버지 영조와 홍봉한과는 반대로 소론을 지지하는 세자가 궁지에 몰리는 것은 당연한 일이었고 정신착란 증세까지 보이며 날뛰는 세자를 옹호할 사람은 아무도 없었다. 광인이 된 세자를 제거하는 일은 어쩌면 모두가 바라는 일이었을지도 모른다. 홍봉한을 비롯한 노론계의 정치적인 야욕에서 비롯되었던 음모와 희생도 한 까닭이었지만 아들에 대한 지나친 집착과 잘못된 교육이 빚어낸 비화들이 융릉의 봉분처럼 부풀어 오르는 듯하다.

조선팔도를 다 찾아서 명당 중의 명당이라는 이곳 화성에 아버지 사도세자를 이장하여 모시는 일 또한 결코 쉽지 않은 일이었을 것이다. 왕실뿐 아니라 인근 백성들이 모두 동원된 크나큰 행사로 이어진 융릉의 참배 길은 길이길이 남을 효원의 성곽 도시 수원 화성의 자랑이며 화성은 세계문화유산에 등재될 만큼 인류사에 가치 있는 문화재가 되었다. 융릉 참배 행차 시 정조가 머물던 행궁에서 어머니 혜경궁 홍씨의 회갑을 차려 드린 일은 얼마나 아름다운 일이던가. 한 많은 일생을 뒤돌아보며 남편인 사도세자의 능을 참배할 기회를 마련해준 아들 정조의 더없이 따뜻한 어머니 사랑은 세상의 그 어느 누구도 따르지 못할 효성이었으리라.

사후에는 자신의 몸마저 부모님 곁에 눕히기를 원하여 융릉의 오른편으로 조금 떨어진 곳에 만든 정조의 묘가 바로 건릉이다. 죽어서도 부모님을 지키려는 정조의 더없이 극진한 효의 정신이 능원의 곳곳에 새겨져 있는 듯하다. 할아버지와 아버지 그리고 아들 3대에게로 이어진 애증의 역사를 융릉에 묻으며 고통과 아픔을 저 둥그런 능의 봉우리처럼 관용으로 승화시킨 깊은 뜻이 읽힌다. 곤고한 역사의 소용돌이를 다시금 미루어 생각하며 사뭇 자세를 바로 한다. 악업이 선업으로, 기구한 업장들이 다 소멸된 듯 평화롭게 보이는 봉분이 무척이나 높고도 넓다. 결코 역린을 거스르지 않으며 참고 인내하여 많은 위업을 이루어 후대에 남긴 정조 대왕께 다시금 머리 숙어지는 마음이다.

지나온 역사를 바라보며 배워야 할 것과 버려야 할 것들을 우리들은 가려서 취해야 한다. 조선왕조의 르네상스 시대라고 일컫는 영·정조시대를 뛰어넘는 창조적인 미래의 도시 수원 화성으로의 발전을 기원한다. 아름다운 행궁의 복원은 물론 다산 정약용의 설계로 만들어진 거중기를 이용한 성곽의 대역사를 표본으로 튼튼히 개축한, 정조가 그토록 심혈을 기울여 건설한 효원의 성곽도시가 찬란히 빛나기를 바란다.

조그만 배가 몇 척 떠 있을 뿐이었던 한가로운 유원지 원천호수의 반세기만의 변신을 보고 아무래도 어젯밤 꿈에 나는 스위스의 레만 호반이라도 거닐었던 것만 같다. 광교 호반 주위에 가득한 빌딩과 아파트의 불빛들이 물 위에 어려 유월 유두의 보름달은 호수의 한 가장자리에 부끄럽게 숨어 있었다. 그 옛날, 아름답던 날들의 두 눈동자처럼 아련하게.

제14회 수필의 날 기념, 성곽의 美 수원화성, 2014

함께 가는 길

뒤늦게 혼자서 길상사로 올라가는 마을버스를 탔을 때 수필의 날 행사 차량은 이미 그곳을 떠나고 있었다. 일부러 만남을 피하려 한 것은 아니기에 어긋난 인연처럼 조금은 안타까웠다. 초파일을 앞두고 연등이 가득히 매달린 경내로 들어선다. 방금 다녀간 수필의 날 행사에 참가한 문인들의 향훈이 머문 듯 신록의 청정한 바람결에 오색등이 잔잔히 흔들리고 있다. 부처님의 가피加被를 염원하며 온 마음 온 정성을 다해 가득히 달아놓은 연등의 행렬이 장관이다. 그 아래 두 손을 합장하며 허리를 굽힌다. 나무아미타불, 관세음보살!

절간에 들 때는 언제나 맑은 물에 손을 씻고 몇 모금의 샘물을 마신다. 맑고 차가운 석간수에 몸과 마음을 씻어 이 도량에 머무는 시간만이라도 깨끗하게 되기를 바라는 작은 정성이다. '맑고 향기롭게' 법정 스님의 무소유 정신이 살아 숨 쉬는 이곳 길상사는 불자가 아니더라도 모든 이들에게 열린 장소이다. 평화와 자비의 은혜로 치유의 시간을 가질 수 있는 더없이 아름다운 공간이다. 주지육림의 요정을 경영하던 통 큰 여인 김영한의 사랑과 꿈이 오직 맑고 향기로운 불심佛心으로 승화된 곳이다. 한 줌의 재로 이곳에 뿌려져 얻은 법명 길상화吉祥花를 생각하며 언덕길을 오른다. 그녀가 그리도 목메어 그리워하고 사랑하며 기다리던 시인 백석白石을 생각한다. 한 걸음 두 걸음 언덕길을 오르며 그의 시, 「나와 나타샤와 흰 당나귀」를 떠올린다.

가난한 내가
아름다운 나타샤를 사랑해서
오늘 밤은 푹푹 눈이 날인다.

백석을 사랑하면서도 그 사랑을 이룰 수 없는 현실을 원망하지 않은 그녀. 짧은 만남 이후의 긴 이별, 다시는 만나지 못한 길고 긴 기다림의 세월 동안에 이룩한 모든 것을 비워내 부처님께 바친 그녀가 마냥 올려다보인다. 법정 스님의 무소유에 대한 설법에 감화되어 그 정신을 올곧게 실천한 여인의 이야기를 들을 때마다 가슴이 아려온다. 이 아름다운 순애보가 세상에 알려지기까지 법정 스님이 놓으신 가교는 또 얼마나 귀하고 값진 역할이었던가. 맑고 향기로운 영혼들이 머물러 있는 이곳에서 어찌 옷깃이 여며지지 않으리. 새삼스레 몸과 마음을 가다듬게 된다.

아미타불이 모셔진 극락전의 참배는 다음으로 미루어야겠다. 잠시 들러 삼배라도 올려야겠지만 이곳을 다녀간 수필가들은 벌써 윤동주 문학관에 도착해서 다음 행선지인 경복궁으로 가고 있을 테니 마음이 급해진다. 서둘러 진영각으로 발길을 옮긴다. 참선하며 수도하시는 스님들의 처소를 지난다. 어느새 모란이 활짝 피어있다. 선방 앞의 붉은 모란. 화두에 몰입하여 면벽참선하는 어느 스님의 모습과 닮아 있는 듯하다. 자주는 아니어도 철마다 한 번은 들리는 길상사에서의 나의 길은 언제나 이렇게 오른쪽으로 올라가 왼쪽으로 돌아내려 오게 된다. 마치 조선왕조의 왕릉 참배의 예를 따르는 듯하다. 존경스러운 분이 머무시며 정진하시던 곳이 아닌가. 김수환 추기경님을 초대하여 종교 간의 벽을 허물며 함께 법회를 이끄셨던 그분의 법문은 얼마나 맑고 향기로웠던가. 때로는 날카로운 지성과 이성으로 대중을 향한 질타도 마지않으셨고 화해와 용서로 하나 되자는 사랑과 자비를 염원하시던 두 분의 말씀이 그립다.

진영각에 오른다. 법정 스님의 영정 앞에 잠시 무릎 꿇고 앉는다. 양쪽 촛대 옆으로 봉헌된 백련화, 분다리카[芬陀利華]에 눈이 머문다. 연화삼덕蓮華三德의 길을 떠올리며 무거워지는 마음이다. 부처의 가르침을 뜻하는 '향기로울 분芬'을 나의 이름으로 지어주신 아버지를 생각한다. 아버지의 염원처럼 깊게 깨우치지도 넓게 뜻을 펴지도 못한 지나온 삶에 대한 회한과 안타까움에 잠시 눈시울이 젖는다. 사람이 태어나서 살아가는 동안 남보다 훌륭하게 이룩하고 가는 길은 힘들고 어렵다. 이루지 못한 한 남자와의 사랑을 승화시켜 수많은 사람의 마음을 달래주는 치유의 공간으로 환원시킨 보살 길상화의 삶을 보라. 그 이면에는 얼마나 고되고 험한 삶이 있었겠는가. 산간의 오두막집에서 홀로 지내며 수없이 많은 글과 편지를 쓰고 구름처럼 모여드는 대중 앞에 맑고 향기로운 법문을 일러주신 법정 스님은 다 이루셨을까. 아니라고, 삶이 그리 가볍고 얕은 것은 아니라고 위로하며 일러주시는 듯하다. 합장하며 물러 나와 툇마루를 내려서는데 소담하게 자생화로만 꾸며진 화단 한쪽에서 하얀 모란이 화답하듯 웃는다. 생로병사와 백팔번뇌가 멀리 있지 않으니 마음 비우라고 다 버리라고 속삭이는 듯하다.

돌아 내려오는 길, 나뭇가지로 엮어 만든 낡은 액자 속에 법정 스님의 글이 담겨있다. 어느 날 불일암佛日庵 마당 한구석에 당신이 스스로 만든 나무 의자에 앉아 말씀하시는 듯하다. 소박한 테두리 안의 글이 나의 다급한 길을 한참이나 멈추게 한다.

아름다운 세상은 먼 곳에 있지 않다.
바로 우리 곁에 있다.
우리가 볼 줄 몰라서
가까이하지 않기 때문에
이 아름다운 세상을 놓치고 있는 것이다.
자연은 이렇게 마음껏 꽃을 피우는데
과연 자연 속에 살고 있는 우리들은
꽃을 피우고 있는지 거듭거듭 살필 줄 알아야 한다.
꽃에게서 들으라…

법정 스님의 법문집『한 사람은 모두를 모두는 한 사람을』중에서 가려 뽑은 글귀 앞에서 떠나기가 힘들다. 볼 줄 아는 눈, 들을 줄 아는 귀는 언제쯤이면 열리게 될까.

아, 이제는 정말 서둘러야 할 시간이다. 때를 알지 못하여 허둥대는 부처님의 제자 아난다처럼 오늘도 나는 때를 놓치고 귀한 시간을 잃어버리지 않았던가. 지금쯤 수필의 날 행사 차량은 경복궁을 향하여 달리고 있을 것이다. 나도 어서 달려가자. 혼자서 고행하지 말고 함께 더불어 가는 아름다운 세상으로 나아가자. 길상사 가는 길은 그렇게 언제나 맑고 향기롭다.

『한국수필』2015 6

봄밤, 광홍당에서

대청을 내려서서 댓돌 아래 서니 꽃향기에 숨이 멎는다. 만개한 이화, 꽃가지 사이로 흘러드는 달빛은 임의 얼굴인가. 소쩍새 저 깊은 울음은 임을 향한 나의 속 깊은 정한情恨이어라. 은하수 저편까지 건너가면 그리운 임에게 닿을까. 아 임이시여. 이렇게 멀리 떠나 있어도 제 마음은 언제나 임 계신 그곳에 있나이다.

이화梨花에 월백月白하고 은한銀漢이 삼경三更인제
일지一枝 춘심春心을 자규子規야 알랴마는
다정多情도 병病인 양하여 잠 못 들어 하노라.

"봄밤, 은하가 흐르는 깊은 밤, 달빛은 흐드러지게 핀 배꽃을 더욱 눈부시게 하네. 어디선가 슬피 우는 두견새 소리, 임 그리며 안타까워 잠 못 이루는 이 마음을 네가 어찌 알리."

다시 풀어 아무리 흉내를 내며 '임'을 찾아도 가당치 않다. 임을 향한 일편단심, 신하로서 임금을 향한 충성심을 더 어찌 표현할까. 고려 말기의 문신이며 학자인 이조년李兆年은 성품이 강직하여 직언을 서슴지 않았다고 한다. 충혜왕의 방탕함을 직간하여도 듣지 않자 우의법으로 시조를 지어 왕에 대한 충성심을 나타냈다고 전해지는 '다정가多情歌'를 읊고 또 읊어본다. 공민왕과 노국공주의 사당이 모셔진 뜰을 지나 광흥당으로 오르며 임금을 향한 충성의 마음을 담은 그 절창을 외워 보지만 어찌 감히 그분의 문장을 따르리.

시문회詩文會가 열리는 삼월 보름날, 광흥당廣興堂에 오르는 마음이 달처럼 부푼다. 말 없는 회화나무와 느티나무는 현대 문명의 높다란 둥지들을 마주하고 있다. 어제와 오늘의 어울림으로 이곳의 오랜 역사를 일러주는 듯하다. 조선기와를 이은 팔작지붕의 전통한옥인 광흥당은 마포문화원 소속의 전통문화 체험장이자 교육공간이다. 육간대청에 서안을 펴고 둘러앉아 시를 짓고 산문을 읽으며 합평을 한다. 수백 년을 거슬러 올라가서 지체 높은 선비라도 된 양 자세를 바로 하고 옷깃을 여미게 된다. 마포문협의 아름다운 전통이기도 한 월례회를 이런 훌륭한 공간에서 마련할 수 있음은 큰 행운이 아닌가. 장르를 가리지 않고 돌아가며 시와 시조, 수필, 소설, 아동문학과 평론에 이르기까지 작품 낭송과 낭독에 이어 진지한 토론이 이루어진다. 더구나 오늘처럼 달 밝은 봄밤에는 그 흥취가 더욱 각별하다. 하나둘 모여든 회원들은 대청마루에 둘러앉아 문우지정文友之情을 나누고 문학과 인생을 이야기하니 다산茶山의 죽란시사竹欄詩社가 부럽지 않다.

그 옛날에도 이곳 마포 삼개나루는 풍광이 수려해서 강변에는 시인 묵객들이 고담준론高談峻論하던 정자가 많았다고 한다. 공민왕 또한 번 개경에서 이곳까지 납시어 시를 짓고 그림을 그리셨으니 산수가 빼어났으리라. 원의 지배를 받던 그때 피할 수 없는 정략결혼으로 위나라의 공주를 왕비로 맞이하니 노국대장공주이다. 몽골의 초원을 달리던 공주는 산 설고 물선 고려에 와서 공민왕의 사랑을 얻기까지 노심초사 얼마나 마음을 졸였던가. 귀하게 얻은 아이를 낳다가 난산으로 결국은 세상을 떠난다. 뒤늦은 후회와 사무치는 그리움에 정신 줄을 놓을 정도로 공주를 추모하는 공민왕은 결국 정사도 돌보지 않게 된다. 슬픈 사랑의 이야기 틈으로 비집고 들어선 요승 신돈에게 국정을 맡기니 기울어가는 왕조를 어찌 다시 일으키랴. 목숨 다할 때까지 고려를 지켰던 최영 장군의 화상畫像까지 모신 사당은 특별하다. 이성계의 위화도 회군으로 하늘이 바뀌게 됨을 알면서도 결코 두 임금을 모시지 않는 충신의 도리와 지조를 받듦이리. 공민왕과 노국공주, 최영 장군의 넋이 나란히 자리할 수 있는 까닭이다.

태종 이방원의 「하여가何如歌」에 「단심가丹心歌」로 화답하는 정몽주는 어떠했는가. 선죽교에서 철퇴를 맞으며 죽어가는 그 충성과 절개, 임을 향한 올곧은 마음은 또 어떠한가. 군주와 신하 사이의 믿음과 충절이 오백 년 고려왕조를 지켰고 그런 정신이 조선 오백 년을 이어간 우리 민족이 아닌가. 조선왕조의 관리들을 위한 녹봉으로 줄 곡물의 저장창고였던 이곳 광흥창엔 화재가 빈번해서 늘 불안했다. 어느 날 이곳의 한 백성에게 공민왕이 현몽하였다고 한다.

"너희들이 내 제사를 정성껏 지내주면 영영 화마를 면하리라."

해마다 음력 시월 초하루에 정성을 다해 사당제를 올리고 그 후로 화재는 없어졌다 한다. 공민왕 사당제는 이제 온 마포지역의 무사 안녕을 기원하는 제사이자 주민들의 한마당 화합의 잔치이다. 고목은 알리라. 수백 년 이어져 오는 역사의 뒤안길에 가득히 서린 한恨과 홍興을… 고려와 조선을 이어주는 듯 이곳 공민왕 사당과 광흥당의 조화로움 앞에 읊어보는 충절의 시조 단심가는 그래서 더 의미가 깊다.

이 몸이 죽고 죽어 일백 번 고쳐 죽어
백골이 진토 되어 넋이라도 있고 없고

임 향한 일편단심一片丹心이야 가실 줄이 있으랴.

방원의 「하여가」처럼 만수산 드렁칡 얽히듯 살아야 하는가. 철퇴를 맞고 피를 흘리며 죽어도 두 왕조를 섬길 수 없는 충절의 붉은 마음이 옳은가. 임을 사랑하듯 군왕을 섬기는 신하의 도리는 한낱 옛이야기여야만 할까. 오늘을 살아가는 인간의 도리와는 어떻게 다른가. 옛시조를 음미해본 오늘 광홍당의 시문회가 저문다. 봄밤은 깊어만 가고 교교한 달빛은 뜰에 가득하다. 어디선가 두견새도 슬피 우는 듯, 흐드러진 이화 향기가 옷깃에 스며든다.

『수필시대』 2018 여름

밤섬에 다녀오다
-밤섬 귀향제-

밤섬은 마포 서강나루와 여의도 사이에 있는 한강 하중도河中島 중의 하나이다. 율도명사栗島明沙, 그 모양이 밤같이 생겼고 백사장이 고와서 예부터 서강팔경西江八景 중의 하나로 유명했다고 한다. 와우산, 노고산과 용산 자락 아래 잔잔한 강물이 흐르는 풍광이 매우 수려하여, 이 일대에 30여 개가 되는 정자에는 수많은 시인 묵객들이 고담준론高談峻論하던 일화들이 전해 내려온다. 지금은 그 옛날을 상상할 수도 없게 강을 낀 양쪽 연안이 개발되어, 새로운 풍경이 또한 대단하다. 끝없이 이어지는 병풍을 두른 듯 강변의 고층아파트와 여의도의 하늘 높이 솟은 빌딩 숲 사이로 흐르는 한강 한가운데 자리한 작은 섬 하나, 밤섬이다. 이곳 마포 사람들은 물론, 강변도로를 오가는 사람이나 고수부지를 산책하는 사람들에게 마치 사막의 오아시스처럼 동경의 푸른 섬이 되었다.

조선왕조를 개국한 태조가 개경에서 한양으로 천도하였을 당시 배를 만들던 사람들이 이곳으로 이주하여 정착했다고 전해진다. 이들은 대대로 황포돛배를 만들거나 고기잡이를 하며 뽕나무와 약초나 땅콩 등을 재배하였다고 한다. 오늘 그 후예들의 축제이자 고향을 방문하여 올리는 제사인 '밤섬 귀향제'는 마포의 큰 자랑거리이자 볼거리이다. 오방기가 펄럭이는 바지선에는 이미 승선한 무속인들의 모습이 보이고 장구와 피리 소리가 흥을 돋운다. 밤섬에 살다가 떠나온 실향민들과 마포 주민들, 구청과 문화원 그리고 밤섬보존위원회를 비롯한 여러 관련 단체에서 온 내빈, 신문 방송 기자들까지 어느새 바지선은 만원이다. "뿌웅" 뱃고동 소리와 함께 배는 천천히 움직여 망원 선착장을 떠난다.

아, 멀리 보이는 마포 삼개나루의 파노라마는 가히 환상적이다. 저기 저 높은 빌딩에 가려진 언덕 한쪽이 와우산인 듯싶다. 그 옛날 시인 묵객들의 풍류가 한창이던 용산의 삼호정과 함벽정은 저만큼이던가. 모두들 나름대로 멀리 시선을 보내며 강변의 옛 모습과 오늘의 천지개벽한 문명의 신도시를 아무리 포개어 보려 해도 가당치 않다. 갑자기 누군가 한구석에서 조선시대 작자 미상의 시조 서강팔경西江八景을 읊는다.

용호제월龍湖霽月: **용산강 비 개인 하늘에 떠오르는 둥근 달**

마포귀범麻浦歸帆: **마포 강나루로 돌아드는 돛단배**

방학어화放鶴漁火: **방학강가에 불 켜고 고기 잡는 모습**

율도명사栗島明沙: **밤섬에 맑고 고운 모래**

농암모연籠岩暮烟: **농바위 마을의 저녁연기**

우산목적牛山牧笛: **와우산에서 들려오는 목동의 피리 소리**

양진낙조楊津落照: **양화나루에 지는 석양 노을**

관악청풍冠岳晴風: **관악에서 불어오는 맑은 바람**

아무도 말이 없다. 먼 곳을 바라보는 마음이 다 그 무명씨의 시인 같아서 그저 깊은 생각에 잠기려나 보다.

오늘의 행사와 마포지역의 무사 안녕을 기원하며 용왕님께 비는 제사가 진행될 배는 어느새 서강대교 아래 밤섬에 다다른다. 1968년 한강 개발과 여의도 건설의 일환으로 밤섬의 일부가 애석하게도 폭파되었고, 그곳에 살던 주민들은 모두 강 건너 와우산 자락으로 이주하였다. 세월 따라 곳곳으로 흩어진 실향민들, 오늘 행사에 참여하는 분들도 이제는 몇 안 되는 어르신들뿐이다. 그런데 섬이 점점 길어지고 폭도 조금씩 넓어지는 듯하다. 남겨진 한 귀퉁이의 섬이 스스로 그 면적을 키워 나가는 모습에 외경심이 든다. 세월이 흐르면서 쌓여가는 퇴적물은 밤섬의 크기를 늘려갈 뿐 아니라 새로운 낙원을 만들어 가고 있지 않은가. 자연의 자정 능력은 결코 우리 인간이 따를 수 없는 거룩한 섭리와 같다. 사람의 발길이 닿지 않은 후부터 갯버들과 억새 등 잡초가 무성해진 숲에는 철새들이 실향민을 대신한 듯 보금자리를 틀었다. 청둥오리며 백로, 물총새, 왜가리 등 천혜의 자연생태계가 복원되고 있다. 실향민들은 고향을 떠난 아픔으로부터 과연 승화된 보람을 찾을 수 있을까? 강 건너 푸른 섬이 많은 사람들에게 알 수 없이 그리운 이상향이 된 것처럼….

이곳 밤섬도 경남 창녕의 우포늪처럼 람사르 협약에 가입되어 물새 및 동식물이 서식하는 습지로 인정되었다. 람사르 협약은 국경을 초월하여 이동하는 물새를 국제자원으로 규정하여 가입국의 습지보존을 제도화하고 있다. 예전에는 마포에서 이곳까지 뱃놀이를 하던 소문난 유원지였다는데, 이제 밤섬은 인적이 없으니 그 어떤 삶의 자취도 없어졌다. 실향민들은 갈대숲을 제치며 옛날의 살던 곳을 어림잡아 더듬어 보지만, 홍수가 질 때마다 추억의 편린들도 다 쓸어 버린 듯하다. 푸드덕 나는 철새들이 이 섬의 주인임을 다시금 확인해 준다. 해마다 한 번 이곳을 방문하여 섬사람 모두가 그 옛날부터 한마음으로 모시던 부군당 굿을 일 년에 한 번 올릴 수 있는 것만으로도 그들에겐 커다란 마음의 위로가 된다면서 눈시울을 적신다. 이제 얼마 안 남은 생애에서 몇 번이나 더 고향 방문을 올 수 있을까 손꼽아 보면서도 허망하기만 한 표정이다. 강 건너 새우젓 동네 마포가 몰라보게 달라진 풍경들은 바라보기에만도 어지럽고 상전벽해가 따로 없으니 바로 그들의 이야기가 아닌가.

어느새 굿거리 장단이 울린다. 굿판이 벌어진 마당, 제상 위에는 시루떡이며 과일과 술이 가득하고 한가운데는 배춧잎 몇 장을 입에 물고 히죽이 웃는 돼지머리도 올려져 있다. 서울시 무형문화재인 노련한 무속인의 주재로 진행되는 갖가지 굿의 순서에 따른 절도 있는 진행은 사뭇 옷깃을 여미게 한다. 어느 종교의 예배가 그렇지 않으랴. 샤머니즘이라고 눈 돌리기에는 신이 오른 무당의 춤은 가히 예술의 정점에 오른 듯하다. 열정과 신실함으로 이어지는 차례마다 주민과 나라의 안녕과 번영을 위한 기원이 담겨 있다. 그러나 이제 해마다 열리는 밤섬 귀향제의 보다 큰 의미를 찾기 위해 우리는 새로운 모색을 해야 하리라. 자연보호에 따른 생태계의 변화를 후대에 알려줄 수 있는 교육적 차원에서의 탐방은 매우 중요하다. 더 나아가 문명과 문화 이전의 자연이 살아 움직이는 푸른 섬을 우리 마음에 담는 정서적 차원에서도 밤섬은 잘 보존되어야 하리라.

'뿌웅'하며 뱃고동이 울린다. 이제 다시 삼개나루터 마포로 돌아갈 시간이라는 뱃사공의 신호인가 보다. 밤섬은 내년 이맘때 어떤 풍요롭고 너그러운 모습으로 우리를 다시 맞게 될까.

『수필문학추천작가회 사화집』 2014

명사십리鳴沙十里

파도 소리를 듣고 싶었다. 명사십리鳴沙十里에 너울지는 그 소리, 온 천지가 우는 듯하다는 그 소리가. '밝을명明'이 아닌 '울명鳴'을 쓰는 까닭이 무엇일까. 우레와 같다는 그 소리는, 길고 긴 백사장을 사흘 동안 오고 가도 들을 수가 없었다. 한종일 넋 나간 사람처럼 헤매다가 곯아떨어진 한밤중 내 어두운 귀를 지나갔을까. 모래가 구르고 백사장이 우는 소리라 한다. 밀물이나 썰물이 철썩이는 해조음을 넘어서는, 내 얄팍한 귀에 들어올 리 없는 가청음역 밖의 소리이리라.

전라남도 완도군 신지면에 있는 아름다운 해수욕장이다. 연전에 하루 다녀간 기억이 하도 좋아서 이번엔 마음먹고 사흘을 잡아 다시 왔다. 이곳에선 그리 멀지 않은 땅끝 마을 그리고 보길도에도 다시 가보고 싶었다. 세연정에 울려 퍼지는 고산 윤선도의 어부사

시사를 들으며 핏빛으로 지는 동백 꽃잎도 보리라. 또 하루는 아침부터 서둘러서 완도 수목원을 좀 더 자세히 관람하고 나서 읍내시장에 들러 전복도 한 바구니 사 와야겠다고 야무진 계획도 세웠지만 모두 허사가 되었다. 무려 여덟 시간이나 걸려 달려왔으니 천 리가 넘는 거리가 주는 피로감은 극도에 달했다. 객지의 밤길은 더욱 어두운 법이어서 이슥해서야 숙소를 찾았다. 오로지 네 개의 벽과 지붕이 있는 작은 방에 감사했다. 따뜻한 물에 몸을 씻을 수 있다는 것만으로도 얼마나 고마웠는지. 먼 등대에서 불빛이 깜빡이고 검은 바다에는 철썩이는 파도 소리만 가득했다. 칠흑 같은 어둠 속으로 침잠해 갔다.

아침에 눈을 뜨자마자 베란다로 나갔다. 해송 푸른 가지 사이로 옥빛 바다가 들어와 있다. 가슴이 뛴다. 아직도 내게 이런 마음이 남아 있다니… 소나무 꽃이 한창이어서 싱그럽게 쭉쭉 뻗은 꽃가지에 동박새 한 마리가 앉아 지저귄다. 그 작은 몸에도 꽃가지가 휘청인다. 어디선가 또 한 마리가 화답하더니 둘이 다 포르르 날아간다. 송홧가루라도 날릴 듯 청명한 봄날이다. 파도 소리에 끌려 해변으로 나갔다. 아직 제철이 아니어서인지 텅 빈 백사장이다. 이제 막 썰물이 시작된 듯 싱싱한 다시마, 톳, 청각들이 그득하다. 섬 아낙들은 부지런히 모래를 파헤치며 싱싱한 해산물을 캐서 소쿠리에 담느라고 여념이 없다. 백합 조개며 소라고둥이 많이도 들어 있나 보다. 섬사람들에겐 더없이 소중한 밭, 삶의 터전인 셈이다. 조개 하나 캐지도 못하는 나는 하릴없이 명사십리 백사장을 걸어보기로 한다. 신지대교가 놓인 섬 끝까지 걸어보리라. 이번엔 울 명鳴자를 느껴볼 수 있을까. 하지만 청천 하늘에 날벼락을 바랄 수는 없는 일이지 않은가. 푸른 바다 푸른 하늘이 맞닿은 수평선에 어지러운 마음을 비울 뿐이다. 사흘 밤 사흘 낮을 파도 소리에 귀 기울여 보는 것도 나쁘지 않으리.

백사장이 끝나는 지점인 듯 작은 여울목에서 발길을 돌렸다. 송림 사이로 난 산책로를 따라가다 넓은 공터에 모여서 일하는 어민들과 마주쳤다. 바닥에 가득히 널어놓은 톳을 부지런히 걷어 담고 있었다. 육지에서라면 가을의 타작마당같이 바쁜 모습이다. 아직 덜 마른 것 같은데 왜 걷느냐는 나의 물음에 손으로 하늘만 가리키며 대꾸도 하지 않고 톳만 쓸어 담는다. 먼 하늘가로 검은 구름이 꼬이고 있는 듯하다. 아무것도 모르는 이 나그네도 짐작되는 바가 있어 도와드린다고 거들려 하자 만지지도 말라는 시늉이다. 부지런히 다 쓸어 담고서야 한숨을 푸우 쉬며 일본에 수출할 귀한 물건이란다. 옛날엔 먹지도 않던 풀이라고 버렸는데 이제는 효자 상품이 된 몸에 좋은 각종 영양소를 지닌 톳이다. 소나기라도 쏟아지면 꾸둑 꾸둑 말라가던 톳이 젖을까 봐 동동거리는데 지나가는 객이야 안중에도 없으리. 혹시나 '울명鳴'자의 깊은 사연이라도 들으려고 기웃거렸던 한가한 마음이 부끄러워 서둘러 그곳을 떠났다.

다음 날 숙소 가까이에서 한 인자한 노인을 만났다. 인사를 하며 명사십리의 경관에 대해 찬탄을 하며 다시 또 '울명'자를 들먹였다. 파도가 심한 날이면 인근 십 리 밖까지 천둥이 우는 소리가 들린다고 그래서 '울명鳴'자를 쓴다고 허공에 대고 손가락으로 글씨를 써 보여준다. 글자 뒤에 숨은 이 마을에만 전해 내려오는 이야기를 궁금해하자 반색하며 이야기를 풀어놓으신다. 이제야 국과 장이 맞았나 보다. 조선 팔도를 주무르던 안동 김씨의 세도정치에 반기를 들고 관료의 부패상을 비판한 이세보라는 사람이 이곳에 유배를 오게 되었다 한다. 편리한 자동차로 달려와도 지치고 힘든 천 리가 넘는 길이다. 교통수단도 없는 그 옛날에 한양에서 예까지 보름이나 걸려서 만신창이가 되어 도착한 이 섬마을의 귀양살이가 오죽했을까. 밤마다 북향하여 설움과 분노를 시로 읊었다고 한다. 억울한 유배가 풀리고 그가 섬을 떠난 후에도 비바람 부는 날이면 어김없이 그 울음소리가 십 리를 넘게 들린다고 했다. 한 사람의 분노와 한이 뿜어내어 승화시킨 밤바다의 시정詩情이 읽힌다. 과연 그 소리는 어떠할까.

이야기에 힘을 주며 우렛소리를 흉내 내던 노인의 홍조 어린 얼굴을 떠올리며 사흗날에도 다시 해변을 걸었다. 파도는 잔잔하기만 하고 밀물에 씻기고 썰물에 다져지는 백사장은 더욱 반짝인다. 구름 한 점 없는 하늘과 바다는 하나로 이어져 푸르기만 하다. 뼛속까지 헤집는 고통과 가슴을 쥐어짜는 서러움에서 우러나온 시구詩句들. 잠시 들린 나그네에게 그 큰 울림이 들리겠는가. 십 리에 가득한 모래에 스며들어 울려 퍼지는 명사십리鳴沙十里. 천둥 치고 비바람 불면 모래들이 구르며 운단다. 서럽고 아픈 시를 읊는단다, 우레처럼.

『문학미디어』 2016 여름

신라가 살아나다

꽃나들이에 멀미가 겹쳤었나, 꿈 한 자락도 없이 곤한 잠에서 깨어났다. 새벽의 창으로 여명이 스며든다. 객지의 아침은 늘 새로운 만남으로 설렌다. 부지런히 커튼을 열다가 소스라치게 놀랐다. 황룡사의 9층 탑이 웅장하게 서 있다. 어젯밤 아무것도 보이지 않던 어둠 속에서 저 우람한 탑은 밤새도록 잠든 나를 지켜준 것만 같았다. 나는 그저 엎드려 창밖을 향해 삼배를 올렸다.

선덕여왕을 몽매에도 그리워하던 지귀가 그러했을까? 꿈결에 여왕의 치맛자락이라도 스친 듯 놀라서 기겁하며 엎드린 그의 마음을 본다. 꽃구경을 곁들인 한수원 견학과 문화탐방, 즐거운 봄나들이를 시샘하듯 밤새 비바람이 불었다는데 전혀 몰랐다. 먼 먼 조상이 이곳에서 태어나신 탓일까, 경주 서라벌에 오면 더없이 평화롭고 안온해진다. 그래서인가 어젯밤에는 정말 세상모르고 행복하게 잠이

들었다. 아침의 창밖 풍경에 거듭 놀라며 서둘러 밖으로 나갔다. 여왕께서 정신 놓고 잠든 지귀의 손에 팔찌를 풀어주며 베풀던 측은지심이 꽃잎처럼 나부낀다. 우람하게 솟은 저 높은 탑은 대체 무엇인가. 하늘에서 내려왔나 땅에서 솟았나. 궁금하기 이를 데 없어 달리듯 그곳으로 갔다. 비 갠 하늘엔 구름도 열리고 길 위에는 꽃진 자리마다 붉게 물이 들었다. 낙화의 슬프고도 아름다운 정경, 휘날리는 꽃비가 봄눈 같다.

아침 산책을 나온 사람들 모두 똑같은 마음이었나 보다. 어마어마한 높이와 위용에 놀라서 모두들 고개를 젖혀서 바라본다. 탑의 외관이 확연히 드러난다. 신라의 건축물이 아니다. 동방의 으뜸으로 선덕여왕의 위업이었던 황룡사 9층 탑과는 달리 현대식 철강 구조물이다. 어젯밤을 재워준 보금자리 K 호텔에서 멀지 않은 곳에 탑으로 들어가는 문을 찾았다. 이제 꿈은 아니다. 더욱 바짝 다가가서 어느 막강한 철강회사의 연수원 문패를 확인한 순간 또 놀란다. 창밖을 향해 엉겁결에 삼배를 올리던 마음으로 이어진다. 천년 신라, 그 옛날의 대 불사였던 목조의 9층 탑이 그대로 겹쳐진다. 첨단의 재료와 공법으로 고대와 현대가 조화롭게 어우러지도록 설계되었으리라. 지진이나 그 어떤 천재지변에도 흔들림 없이 오롯이 서 있을 특수철강의 탑이다. 21세기의 과학 문명과 고대의 문화가 함께 꽃피워 내는 새로운 신라가 경주 서라벌에 태어나고 있지 않은가.

어디선가 부드러운 비파 음이 흐른다. 탑은 어느새 층마다 우아한 곡선의 기와지붕과 처마로 이어진다. 처마 끝마다 보살의 미소가 피어나고 향기로운 연꽃무늬 와당으로 신라 천 년이 살아난다. 은은히 퍼져오는 에밀레, 에밀레 신라의 종소리도 울려 퍼진다. 불국정토 서라벌에 가득해지는 불심이 온 천지간의 사물을 일깨운다.

"모든 중생이여, 모두 일어나서 부처님의 가피로 자비와 평화를 깨닫게 하소서."

아침 예불의 북이 울리고 종소리 은은히 퍼지면 목어와 운판이 따라 운다. 처마 끝 모서리마다 매달린 풍경 속 작은 목어들은 바람결에도 흔들리며 속삭인다. 잠에서 어두움에서 깨어나라는 가르침이다. 사바의 세상살이에서 오늘 나는 무엇을 내려놓을 것인가. 또 무엇을 구할 것인가. 나 자신을 위함이 아닌 나의 주변을 위해 무엇을 할 수 있을까. 나는 그저 부처님을 향하듯 경건한 마음으로 합장하며 탑을 향해 절을 올리고 있다. 선덕여왕이시여 당신의 뜻이 천세 만세 유구히 빛남을 믿나이다.

꽃비를 맞으며 불국사를 향하는 마음이 다시 두근거린다. 사천왕

문을 지나 사바를 건너간다. 불국정토에 이르는 다리 위에 멈추어 서서 연지를 내려다본다. 작은 연못 가운데 연꽃 한 송이가 있다. 분다리카, 금지옥엽인 딸에게 아버지는 왜 그렇게 어려운 이름을 주셨을까. 아닐 것이다. 결코, 고행의 길 그 자체가 아닐 것이다. 그 길을 다한 기쁨, 고해를 건너선 법열을 일러주심이었을 것이다. 흙탕물 속에서도 오롯이 피어나 맑고 향기롭게 살아가거라. 연꽃처럼 지혜롭게 살아가라고 내게 주신 이름이 아닌가. 흔하디흔한 분홍색이 아닌 귀하고 하얀 연꽃처럼… 물살에 흔들리는 무영탑이라도 보일까 싶어 한참을 다리 위에 더 서 있었다. 아사녀의 혼이 담긴, 영지에도 비추이지 않던 석가탑이 어찌 이곳에 담겨 있으랴. 길을 서둘러 청운교 백운교의 돌계단 앞에 선다. 맑은 샘물에 몸과 마음을 씻어내고 가람에 들어선다.

부처님 오신 날에 밝힐 연등이 가득하다. 몇 해에 걸쳐서 복원된 석가탑과 다보탑이 마주하니 대웅전을 가운데로 그 미적 안배가 가히 황금률이다. 어느 푸른 눈의 여인이 석가탑을 향하여 이리저리 카메라의 초점을 맞춘다. 어깨에 멘 무거운 가방 속의 렌즈를 꺼내 거듭 바꾸어가며 탐닉한다. 먼 백제에서 아사달을 찾아온 아사녀의 그리움이 저러했을까. 눈에 담고 마음에 담아 온 세상에 불심을 전해주었으면 싶다. 부처님 나신 나라 인도에서 실크로드를 거쳐 서라벌에 이르러 찬란히 꽃피운 신라의 불교 문화가 아닌가. 숭유억불의 조선 오백 년 동안에도 견뎌내었다. 일제의 찬탈과 동란에 불타버린 터전에 다시 일으켜 세워가는 불국정토는 동방의 빛으로 우뚝 서리라. 안압지가 동궁과 월지로 다시 태어나듯이 분황사와 황룡사 9층 탑도 옛 모습 그대로 돌아올 날을 꿈꾼다.

온 서라벌에 천년 신라가 살아나고 자비와 평화가 가득하리.

『選수필』 2018 여름

송도 뉴욕주립대학에서

햇빛 쏟아지는 벌판이다. 몇십 층인지 헤아려볼 수도 없게 눈부신 유리 건물로 둘러싸인 뉴욕 주립대 송도캠퍼스. 그 한가운데서 현기증을 느끼며 한낱 개미만도 못한 나를 느낀다. 그런 내 모습을 확인하고 나의 좌표를 인식하기 위해 이 염천 폭양을 마다치 않고 떠나온 길이지 않은가? 『수필문학』 하계세미나, 역시 잘 왔다. 세상은 넓고 아직도 할 일은 많은가 보다. 저 반짝이는 유리창 안에 가득히 담겨질 배움과 단련의 열정처럼.

인천 송도에 세워진 한국뉴욕주립대학교는 2012년 3월 송도 글로벌 대학 캠퍼스에 처음으로 개교한 국내 최초의 외국 대학교이다. 하드웨어는 우리나라 정부가 책임을 지고 소프트웨어만 운영하는 혁신적 발상의 이 빛나는 캠퍼스, 미국의 뉴욕 주립대학 분교에서 열린 2014년도 수필문학 하계세미나에 참석 중이다. 오늘 세미나의 주제인 '수필의 정체성'에 관한 토론과 절묘하게 대비되는 초현대식 건물의 강의동이다. 호화로운 현대식 책상과 의자의 사용방법을 재빨리 파악하지 못하여 잠깐 당황스러웠다. 그런 물리적인 현상이야 한두 번 연습으로 습득할 수 있는 형이하학적 현상이건만, 이제는 그런 작은 사실들이 오히려 무엇보다 어렵게 다가오는 과제임에 씁쓸해진다. 그러나 이내 우리들의 영혼은 찬란하게 빛나던 젊음의 시절로 돌아가 첨단의 미국대학 강의실을 문학의 꿈으로 가득 채운다. 고 윤오영 선생님께서 『수필문학 입문』에서 말씀하신 것처럼 '가장 오래된 문학의 형태이며 가장 새로운 문학의 형태이자 아직도 미래의 문학인 수필'을 떠올리며 이 시대 우리 수필의 정체성, 오늘 세미나의 주제 '수필문학의 정체성을 말한다.'에 몰입한다.

주제 발표의 오랜 시간 동안 나의 수필의 정체성도 되돌아본다. 꼿꼿해지는 자세와 정신으로 첨단의 공간에서 새롭게 눈을 뜬다. 저 빛나는 유리창처럼 예리한 이성의 한 조각을 느꼈다고나 해야 할까. 시나 소설, 희곡이나 평론 등 문학의 다른 장르에 밀리는 수필의 위상을 우리는 도대체 어떻게 높일 것인가. 흔히들 여기餘技의 문학이라거나 신변잡기의 산문으로 홀대받는, 수필의 실상을 어떻게 개선시킬 것인가 고민해 본다. 사실 많은 수필가들이 좋은 수필을 쓰기 위해 마치 용맹정진하는 수행자처럼 노력하고 있다. 시처럼 함축적이며 소설처럼 유려한 글을 쓰기 위해 쉬지 않고 엄한 죽비를 든다. 밀고 두드리며 세련되고 아름다운 문장을 위해 얼마나 많은 고뇌의 시간을 지새우는가. 인간과 사물에 대한 올바른 인식과 가치관을 담아 의미구현에 매진하는 일은 기나긴 구도의 길과 닮아 있지 않던가. 결코 현학적이지 않으면서 쉽고 간단한 표현으로 글의 주제와 의미를 전달해야 한다. 촌철살인의 한마디를 위하여 심금을 울리는 한 문장을 위하여 묵묵히 수필의 길을 가는 도반道伴으로.

좋은 수필을 쓰기 위한 새로운 이론은 또 얼마나 많은가. 퓨전수필, 아포리즘 수필, 아방가르드 수필까지 새로운 수필의 이론은 시대의 변화처럼 무궁무진하다. 낯설게 하기, 경계 가로지르기, 딴죽걸기 등으로 앞서가는 수필을 위해 고군분투하는 많은 수필가들이 열심히 활동하고 있지 않은가. 원고지 2매 내지 15매 정도의 수필그릇에 우리의 인생과 삼라만상을 담는 작업은 가지가지 이론이나 공식처럼 명확하지도 쉽지도 않다. 진정성이 결여된 미문에 그쳐서도 안 되고 체험이 없는 허구의 삽입 또한 바람직하지 않다. 좋은 글은 어떻게 만들어질까? 꽃과 나비를, 풀내음과 바람, 새소리를 곁들이면 아름다운 글이 될까? 어려운 한문과 사자성어를 섞어 아는 것을 자랑하거나 맺히고 맺혔던 한풀이를 하며 카타르시스를 느껴보면 어떨까. 아니다. 아니 그 모든 것일 수도 있다. 끝없이 쓰고 또 쓰며 고치고 또 고치는 길밖에는 다른 방도가 없다. 수필 쓰기는 바로 자신의 인격이나 품성의 다듬기이고 결국 글이 그 사람인 까닭이다.

무더운 여름날 긴 시간에 걸친 토론의 의미도 중요하지만, 결국 나의 길을 돌아볼 수 있다는 것이 가장 큰 보람이다. 미리 지치거나 조바심내지 말자. 만리장성도 첫걸음부터이고 태산이 아무리 높아도 하늘 아래 있으니 갈고 닦으면 아무리 모난 돌도 빛나지 않을까. 여기 이 첨단의 글로벌 캠퍼스가 자리한 인천 송도신도시의 모습 또한 상전벽해가 따로 없다. 낭만적인 그 옛날의 송도 해수욕장에 대한 추억의 이미지만 남았다. 바다를 매립하여 거대한 신도시를 건설한 위대한 힘에 전율하며 하늘 높은 줄 모르고 마냥 올라가는 빌딩들을 다시 바라본다. 그러나 빛나는 건축물의 외양에 감탄하기보다는 그 안에 훌륭한 연구 업적이 가득히 담겨지기를 간절히 기원한다. 우수한 과학자, 유능한 경영인, 노벨상 수상자들이 배출될 날도 오리라. 진정, 국제적으로 어깨를 겨눌 수 있는 글로벌 캠퍼스의 성공적인 발전 또한 오늘의 정체성을 뛰어넘는 미래를 향한 전진이다. 우리들의 세미나 주제인 '수필의 정체성'과도 맥을 같이하는 도약과 발전이 아닐까.

이제 저 빛나는 글로벌 캠퍼스의 새로운 시도처럼 가슴을 넓게 펴자. 바다도 메워서 땅을 만든 위대한 업적을 기리는 마음으로 희망을 갖자. 우리의 수필도 더욱 탄탄하고 새롭고 힘차게 쓰자, 차가운 이성과 뜨거운 열정으로.

『수필문학』 2104 8

경의선 숲길, 꿈은 이루어진다

저녁 산책에 나선다. 해가 길어서인지 저녁 바람을 즐기러 나온 이웃들이 많다. 가벼운 운동을 하는 사람, 두 팔을 휘저으며 열심히 걷는 사람들이 있는가 하면 어린아이들에게 걸음마를 시키거나 강아지를 데리고 한가로이 산책을 즐기는 사람들도 있다. 길 양옆으로 만들어진 화단에는 어여쁜 풀꽃들이 반겨준다. 능소화와 원추리가 한창이다. 백일홍 채송화 자주달개비 같은 우리 꽃이 많지만 페튜니아나 메리골드 같은 외래종도 어울려서 여름날을 화려하게 장식하고 있다. 왜 아니겠는가. 사람이나 식물이나 서로 함께 더불어 살아가야 할 세상이 아닌가. 군데군데 서 있는 키 큰 나무들은 제법 시원한 그늘도 만들어 준다. 이제 곧 매미도 울 테고 숲이 더 어우러지면 나비며 새들도 찾아올 것이다. 모두 흐뭇한 마음으로 오가는 사이에 저녁 이내가 내리고 어느새 가로등이 켜진다. 어둑한 길섶 사이로 은은히 밝혀주는 조명등도 어느 예술 작품 못지않게 아름답다. 행복한 소시민이 하루의 피곤을 풀며 내일을 꿈꾸는 길 경의선 숲길, 낙원이다.

산책에서 돌아와 십 년 전 「내 고장 마포」 독자 투고란에 실린 나의 글을 다시 보았다. 1970년대 초반 신공덕동 '큰 대문집'으로 시집을 와서 지금까지의 반세기 가까운 삶과 공덕 로터리 주변을 중심으로 용산선이며 삼개나루를 묘사했던 글에는 무한한 고향 사랑이 행간마다 스며있어 감회가 새롭다. 당시에는 마치 조선 시대의 분위기가 꽤 남아 있어서 한옥들이 즐비한 마을이었다. 1929년 개통되었던 화물열차용 용산선 옆으로 새창고갯길이 있었을 뿐이었다. 아늑하던 기와집골 신공덕동은 8차선 신작로인 백범로로 탈바꿈하고, 대로 양쪽으로는 이 삼십 층의 아파트가 병풍처럼 둘러쳐 있다. 달리는 차량으로 가득한 지상의 도로 아래 지하에는 네 개의 지하철이 달리고 있다. 5, 6호선과 경의선, 신공항선이 사통팔달로 이어져 공덕오거리는 일취월장 발전을 거듭한다. 그때는 꿈이었다. 그러나 꿈은 이루어진다고 했던가. 꼭 십 년 전의 꿈이 곳곳에 이루어지고 있다.

'용산선이 놓인 철도용지는 녹지의 테마공원이 조성되어 파리의 샹젤리제보다 아름다운 명물 보행로로 옷을 갈아입는단다. 마치

팔도의 산물을 가득히 실은 황포돛배가 한양의 관문인 마포로 모여들던 그때의 모습으로 발전되리라. 조선 시대 교역의 중심지로서의 융성한 모습이 21세기의 옷을 갈아입고 재현되는 것이다. 20여 개의 한강 다리를 오가는 차량이나 동양의 허브를 꿈꾸는 인천공항의 숨 가쁜 비행기들의 이착륙과 비견되지 않을까. 광흥창의 분주함 속에는 내로라하는 거간꾼들, 키가 구 척인 벽 안의 양인들, 변발의 청국인이며 터번을 두른 페르시아인도 삼삼오오 몰려다니지 않았을까. 개화기 조선 시대의 마포나루와 이제 더더욱 발전하는 대한민국 세계화의 견인차로서 내일의 마포의 영상을 그려본다.'

한국문협 『서울문단』 제5호, 2016

4

다시 그 길에 서다

오직 내 마음속에 자리한 우체국 가는 길을. 그러나 희망을 갖자. 지금은 보이지 않아도 새로운 힘의 원천 젊은 나무들이 더욱 울창한 숲을 이룰 것이다. 더 나은 세상을 위해 그들은 부단히 발전해 나아가지 않겠는가. 이제는 그 좁은 나만의 길을 떠나 더 넓고 화안한 새로운 길을 바라보자.

다시 그 길에 서다

다시 그 길을 갔다. 우체국 가는 길, 내 젊음을 송두리째 바치고 온 그곳, 떠나면 그곳의 길들이 아직도 그대로일 줄 알았다. 마로니에가 늘어선 길, 우거진 나뭇잎 때문에 늘 어둑했던 그 길과 그 끄트머리에 있던 작은 우체국과 두꺼운 유리로 만들어진 전화부스도 다시 만날 수 있을 줄 알았다. 모든 것이 그대로일 것 같은 생각은 얼마나 어리석은가. 오래된 흑백사진처럼 기억 속에 굳게 자리해서 내 마음속에 살아가던 길, 언젠가는 그 거리와의 재회가 필연이라고 여기며 살아왔다. 아무리 세월이 흐르고 세상이 다 변한다 해도 그곳은 변치 않고 그대로일 것이라는 믿음. 나는 그 안에 너무도 오랫동안 갇혀 있었다. 신산했던 날들을 묻어버리고 다시는 돌아오지 않겠다고 떠난 그곳이 왜 그렇게 그리웠을까. 참으로 모를 일이다.

프랑크푸르트에 도착하자마자 첫 목적지로 이어진 내 사랑 뒤셀도르프 고향 방문이다. 서울에서 나고 자란 내게 고향이란 말은 왠지 그리 큰 의미가 없는 단어였다. 복사꽃 피는 봄 동산도 아니고 푸른 파도 넘실대는 바닷가도 아니어서 그럴까. 하필이면 먼 나라 독일의 하늘 아래 갖은 고생하며 살던 곳을 고향이라고 여기며 살아가니 그것이 별나다. 주변머리도 없이 십 년 가까운 세월을 대학 기숙사 한 군데에서 뿌리내리듯 살아낸 곳이다. 특별할 것도 별로 아름다울 것도 없는 도시 외곽의 작은 동네이지만 나에겐 더없이 소중한 추억의 장소이다. 그곳 그 거리가 회색의 건물과 나무들이 모두가 다 한 장에 박힌 사진처럼 내 마음속에 담겨 있었다. 강산이 변한다는 긴 시간이 흘러서 계모처럼 변덕 많은 독일의 사월 날씨조차 익숙해 질만 했을 때야 그곳을 떠나지 않았던가. 그래서인지 내 기억의 샘에는 그곳이 나만의 고향이 되어 아릿한 그리움으로 젖어 들곤 했다. 그리고 30년, 참으로 긴 세월을 떠나 있다가 찾아가는 고향이 가까워져 온다. 가슴이 두근거린다. 몹시도. 그대로일까. 어찌 변했을까. 점점 더 가까이 그곳을 향해 가는 발길이 무겁다. 아니 두렵다. 그곳은 나를 어떻게 맞아줄까?

우체국도 두꺼운 유리문의 전화부스도 보이지 않는다. 황량한 포이어바흐 길에는 내가 그리워하던 아무것도 없다. 길 한쪽으로 오리 가족들이 유영하던 냇물도 예전 같지 않았고 마로니에가 줄줄이 늘어선 어둑한 길도 내가 그리워하던 길이 아니다. 가지런히 다듬어져 있던 길가의 풀섶은 메말라 있고 행인들도 뜸하다. 어쩌면 모두 대처로 떠난 빈촌이나 폐허의 한구석을 보는 듯 울적해진다. 아프고 괴로웠던 마음을 달래주던 초록빛 나의 길 우체국 가는 길이 바로 이 길인가 의아해진다. 다시 둘러본다. 아니다. 모두가 다 아니다. 나는 그때 두고 온 아이들과 부모님께 대한 죄책감으로 늘 오그라진 마음이었다. 저만큼에 있었던 우체국 앞 유리문의 전화부스를 향한 마음은 얼마나 간절했던가. 아이들 목소리라도 들어보고 싶어 애타던 순간들, 부모님께 죄송한 마음 한구석이라도 전해드리고 싶은 마음을 짓누르며 오가던 나날들이 쌓인 십 년 가까운 세월, 내 어찌 꿈엔들 잊을 수 있었을까.

그러나 그것은 내 마음 내 기억의 샘에 고여 있는 나만의 추억일 뿐이다. 세상은 무섭게 달라졌고 세월이 너무도 빠르게 흘러갔음을 보고 있다. 손바닥만 한 스마트폰이 온 세상을 그물망처럼 덮어서 하나로 만들고 드론이 공중을 날며 4차산업을 지휘해가는 이 시대에 어느 누가 골동품 같은 공중전화를 찾을 것인가. 어떤 시대에 뒤떨어진 낭만주의자가 깨알 같은 손 글씨의 편지를 우체국에 가서 부친단 말인가. 그때는 5마르크짜리 주화를 손에 땀이 나도록 쥐고 절약해야 했다. 그렇게 가난했어도 그 길에서 꿈을 꾸었고 낭만에 대하여 생각했었다. 현실의 고통을 달래줄 미래에 대한 희망이 더 컸기에. 환영인파로 둘러싸인 『노부인의 방문』은 아니다. 수구초심도 연어의 모천을 찾음도 아닌 그저 소박한 돌아옴, 내가 살던 고향을 돌아보는 얼마간의 시간일 뿐이다. 옛날은 오로지 지나간 날이었기에 노을빛처럼 채색되어 보였을까. 긴 세월에도 한결같은 마음으로 달려온 까닭이 무너진다. 지난했던 세월쯤이야 뭉텅 잘라내버리고 구만리 머나먼 길을 날아서 고향 동네라고 찾아온 바로 그 까닭이 산산이 부서진다.

길을 오가며 마주치던 그때 그 사람들은 다 어디로 갔을까. 퇴색한 건물들은 예전의 그 윤기를 잃었다. 그 당시 내 나이의 사람들은 벌써 저세상으로 갔을 것이다. 그때의 어린아이들이 이제 새로운 세상을 움직인다. 눈부시게 더욱 발전한 문명이 구부정한 모습의 어리둥절한 동양의 한 노파를 비웃을 것이다. "Achtung! 조심하세요!" 생각에 빠져 걸을 때면 자전거가 곁으로 지나가며 외치던 소리, 지금도 들린다. 아 그러나 환청일 뿐이다. 카롤링어플랏츠의 한가운데 알디[ALDI, 저렴한 슈퍼마켓의 대명사였던 체인점]가 있던 자리에 다다른다. 허망하다. 낯선 상호의 글자를 보니 동남아 계통의 아시아인이 운영하는 점포인 듯하다. 그 옛날에도 대개의 요식업계는 이탈리아나 그리스에서 온 사람들이 주종을 이루었지만, 부쩍 늘어난 낯선 간판들은 다양한 국적의 언어와 문자여서 이곳의 지나온 이야기를 읽어낼 수가 있다. 주류에 속하지 못하는 이민자들이 가장 쉽게 살아갈 수 있는 길이기에 유유상종으로 모여 이룩한 나름의 질서를 본다.

가난한 사람들과 외국 유학생들의 단골 수퍼마켓 알디가 없어진 사실에 내 가슴 한구석이 미어지는 것 같다. 냉전 시대였던 그때는 주로 동구권에서 수입된 통조림 제품이나 저렴한 식품들을 파는 곳이어서 가난한 우리에겐 더없이 소중한 곳이었다. 하루 일과를 마친 피곤한 몸으로 집을 향해 가는 길이지만 알뜰 장보기로 들러야 하는 작은 슈퍼마켓 알디. 긴 줄을 서서 기다리던 시간들이 주마등처럼 지나간다. 바로 내 앞에 허리 굽은 할머니가 오직 감자 한 봉지 값을 치르기 위해 동전 주머니 속의 페니히를 고르고 있다. 날카로운 인상의 계산원은 수전증이 심한 노인을 참을성과 인내로 바라보며 기다린다. 노인의 손바닥에 1마르크 59페니히가 온전히 다 놓일 때까지 침착하게 숨을 고르고 있다. 나도 계산원도 긴 줄을 이루며 기다리는 모든 사람도 다 알고 있다. 그 떨리는 손이 이룩한 라인강의 기적을. 잿더미로 초토화된 전쟁의 끝자락, 폐허를 딛고 일어난 이 땅의 모든 여성들의 용기와 근검의 정신을.

허리띠를 졸라매며 입으로 절약하는 이 나라의 국민성도 조금은 느슨해졌을까. 나는 지금도 알디의 그 조용한 침묵의 순간들을 너무도 생생히 기억한다. 우리가 독일을 떠나고 난 후 동서독은 하나로 통일되었다. 전범국에서 탈피해 경제 대국으로 유럽연합의 핵심으로 우뚝 선 나라이다. 그러나 그 또한 라인강의 기적처럼 하루아침에 이루어지지는 않았다. 통일 후 30년이 가까워도 아직도 동서독 간의 문제는 거죽으로는 봉합되어 상처가 아문 듯해도 속 깊은 내면의 아픔들이 많다. 그래도 끌어안고 더불어 살아가야 한다는 정부의 방침은 여전하다. 전 세계에서 밀려드는 난민 문제까지 끌어안은 독일 정부의 고뇌가 만만치 않은 것은 당연하며 각국에서 이주해온 다민족들과 함께 어울려 잘 살아가기란 참으로 풀기 어려운 문제이다. 경제 대국의 면모를 갖춘 도심의 화려하고 웅장한 거리가 있는가 하면 그 뒷골목이나 한구석에 마치 유대인들의 게토처럼 이민자들끼리 모여 살아가는 모습들이 바로 그 현실이지 않은가. 법과 질서와 타인에 대한 배려에 철두철미한 독일적인 분위기와는 다른 뒤안길의 상황 그 또한 사람 살아가는 모습의 한 단면이고 역사의 흐름이리라.

어둑해진다. 시간이 많이 흘렀나 보다. 전차정거장을 중심으로 광장을 빙 둘러 가득하던 크고 작은 상가들의 빛나던 쇼윈도나 식당

들도 예전과는 무척이나 다른 분위기의 생소함으로 변해서 무척 쓸쓸하다. 가벼운 맥주 한잔을 마실 수 있는 크나이페[주점]라던가 아니면 정갈한 카페 한 군데도 찾지 못했다. 그리스나 터키인들이 경영하는 간이 식당도 있었고 중국집에 타이 음식점도 있었지만, 내 마음을 끌지는 못했다. 멀리 한구석에 '라테르네[Laterne] 가로등'라는 이제 막 불이 켜진 간판이 눈에 들어왔다. 잠시 그쪽으로 향하던 발길을 다시 돌렸다. 그곳에 가서도 실망할 것 같은 예감에 차라리 그 이름만 불러본다. 2차대전 당시 그 참혹한 전쟁에 지친 병사들이 참호에서도 라디오에 귀를 기울이며 따라 불렀다는 '릴리 마르렌'에 나오는 노래이다. 독일군과 연합군 양쪽 진영의 군인들이 모두 환호한 그 유명한 노래에 나오는 라테르네로 기억하고 싶음이 더 컸다. 노란 바탕에 검은 글씨로 새겨진 가로등을 다시 한 번 돌아보았다.

드디어 옛 둥지를 찾아간다. 이제는 더 이상 철학자의 길도 초록빛 향수의 길도 아닌 포이어바흐스트라세에 이어진 메쿰스트라세는 전혀 딴 세상이다. 도심으로 질주하며 동네가 떠나갈 듯 볼륨을 크게 한 자동차들의 행렬이 대단하다. 음악을 들으며 젊은이들이 타고 가는 스포츠카의 행렬, 포르쉐도 아우디도 눈부시게 번쩍인다. 부모들이 이룩한 경제발전으로 갖은 호강을 누리고 사는 신세대들,

그들에게 누가 뭐라 할 수 있을까. 그러나 그들이 간과해서는 안 될 몇 마디라도 하고 싶은 노파심에 혼자서 중얼거린다.

'그대 젊은이들은 아는가. 자네들의 부모가 이 나라를 어떻게 이룩했는지를. 부디 영원히 부강한 문화민족 독일 국민으로 이 세상에 쓸모 있는 사람이 되기를 바라네. 세상이란 그리 만만치가 않다네. 자네들을 넘보며 호시탐탐 노리는 변방의 사람들을 무시하지 말게나. 이 조용하던 구석진 동네에도 그 옛날보다 아주 많은 외국인이 살아간다는 사실이 내게는 달리 보이네. 이 나라의 많은 부분들이 외국인의 노동력으로 이루어졌다는 사실을 잊어서는 안 되네. 자네들은 금전만능으로 간단히 치부하겠지만, 그 돈 때문에 얼마나 많은 유색인이 보이지 않는 곳에서 수고해야 하는지를 헤아려야 하네. 세월의 강을 휘돌아온 이 노파도 세상 보는 눈이 조금은 있다네. 하기야 이 늙은 내가 어찌 자네들 청춘의 고민을 짐작이나 하겠는가. 그러나 한 가지 분명한 것은 세상은 돌고 또 돈다네. 물도 바람도 하늘도 땅도 세상 사람들도. 보고 또 보고 다시 보며 어찌 살아야 할까를 잘 생각해야 한다네. 어느 날 갑자기 흙먼지를 일으키며 훈족이나 칭기즈칸의 후예가 다시 또 달려올지 누가 알겠는가.'

젊은 그들은 나름의 고뇌로 저리도 큰 음악과 함께 반항의 몸짓을 하는지도 모르겠다. 그들의 입장에 서지 않고 세상을 고르게 보지 못하는 외눈의 편견이리라.

큰길을 건넜다. 의과대학의 부속 건물인 위생연구소 앞의 사철 아름답게 펼쳐지던 주말농장 자리엔 높다란 빌딩들이 우리를 가로막는다. 아, 그나마 우리의 오랜 둥지였던 부부기숙사가 높이 자란 미루나무와 플라타너스 뒤에 숨어서 우리를 기다리는 듯하다. 반갑고 기뻐서 다시 두근거리는 가슴이다. 6층의 햇빛 밝았던 베란다가 나뭇잎으로 반쯤 가려져 있다. 그때는 한종일 햇빛이 가득해서 빨간 제라늄 꽃이 피면 모두 모여들던 방. 이제는 전혀 다른 분위기에서 낯모르는 사람이 살 것이다. 그래도 기숙사 입구까지라도 가보고 싶었다. 현관에 가득히 적혀 있는 입주자들의 이름을 꼼꼼히 살펴보아도 단 한 사람의 한국 이름도 없다. 피붙이 같을 우리나라 학생이 있으면 무작정 벨을 눌러 잠시라도 들어가 보고 싶은 마음이다. 점점 더 어두워지는 저녁이다. 30여 년 전 이곳을 떠나기 전날 밤, 공항으로 들고 갈 트렁크만 남겨놓고 기숙사 관리인에게 최종점검을 받던 날이 떠오른다. 못 자국 하나까지도 철저하게 메꾸어 원상대로 복귀시킨 것을 확인받고서야 열쇠를 건네주었다. 늘 친절했지만 일 처리에는 철두철미했던 하우스 마이스터[건물관리인], 그로나우씨라도 있을 것 같아 휘둘러보며 씁쓸히 웃는다.

모두 다 늙고 더러는 가고 없다. 새로운 바람 새로운 세상 질서에 가려졌는지도 모른다. 몸도 정신도 늙었는데 그래도 마음만은 아닌 것이, 그것이 슬프고 또 쓸쓸하다. 너무도 오랜 세월의 흐름을 건너와서 낡고 오래된 흑백사진을 바라볼 뿐이다. 다 늦게 이제야 깨달은, 오직 내 마음속에 자리한 우체국 가는 길을. 그러나 희망을 갖자. 지금은 보이지 않아도 새로운 힘의 원천 젊은 나무들이 더욱 울창한 숲을 이룰 것이다. 더 나은 세상을 위해 그들은 부단히 발전해 나아가지 않겠는가. 이제는 그 좁은 나만의 길을 떠나 더 넓고 화안한 새로운 길을 바라보자.

『에세이스트』 2017 연간집 공고한 편견

라인을 따라가다

라인을 따라 남쪽으로 그 발원지를 향해 떠난다. 기차를 타고 가며 창밖으로 바라보던 강변의 성과 그림 같은 풍경들에 가까이 다가간다. 지난해에 이어진 독일 문학기행, 얼마만큼 깊어질 수 있을까. 좀 더 공부하고 왔어야 함을 아쉬워한다. 아는 만큼 보이고 듣는 만큼 이해한다. 그 너머의, 그 아래의 깊은 깨달음이야 더 큰 체험이 쌓여야 하리. 부지런히 달리고 열심히 찾아다니자. 문학과 역사 철학 그리고 예술에 헌신하여 인류에게 공헌한 훌륭한 분들의 생가나 기념관과 묘소들을 방문하여 잠시라도 그분들을 기리며 그 뒤안길도 더듬어보려는 특별한 여정이다. 한편으로는 살아온 날들을 돌아보며 마음을 비우는 순례자의 길이기도 하다.

쾰른 대성당의 쌍둥이 첨탑이 아득히 멀어진다. 1248년부터 약 600년에 걸쳐 건축된 고딕 양식의 웅장한 대성당과 함께 도시의 랜

드마크가 된 철교도 가뭇하게 사라진다. 하인리히 뵐(1917~1985). 도심에서 한참 떨어진 외곽의 작은 마을 공동묘지에 잠들어 있는 그의 묘소를 찾아 라인을 따라가는 여행의 첫 테이프를 끊는다. 노벨문학상 수상자라는 영예에 걸맞지 않은, 아주 소박한 무덤이다. 그나마 어렵지 않게 찾을 수 있었던 것은 그만큼 그를 찾는 발길이 많았던 탓이리. 쾰른에서 태어나 성장했고 쾰른대학에서 독문학을 공부하던 중 2차대전이 발발하자 종군했다. 미군의 포로가 되어 전쟁이 끝날 때까지 프랑스에 억류되었다. 전후 저 유명한 '47그룹'에서 활동하며 발표한 그의 소설은, 간결한 문체와 풍자로 엮어졌고 전쟁의 무위함을 상징하는 작품을 다수 발표했다. 저항과 고발문학의 세계적인 작가로 '국제 펜 회장'으로의 활동도 열성이었던 하인리히 뵐. 그의 빛나는 작품과 조국 독일과의 불협화음, 신앙생활의 갈등을 짐작해보며 그의 소설 제목 『그리고 아무 말도 하지 않았다』를 생각한다. 시가를 입에 물고 부리부리한 눈에 눈물이 글썽한 듯한 얼굴을 그려보며 잠시 고개 숙이고 성호를 그었다.

유장하게 흐르는 라인을 바라다보는 마음에 또 하나의 긴 강, 나의 삶도 흘러간다. 로렐라이 언덕에서 노을 지는 라인을 바라보는 것조차도 꿈이었던 날들이… 쌍고아르에서 로렐라이로 올라가는 언덕길은 굽이굽이 멀어서 도착하니 해거름이었다. 낭만 시인 하인리히 하이네의 시로 유명해진 이곳은 문화유산으로의 프로젝트가 한창 진행 중이다. 얼마나 많은 한국 관광객들이 다녀갔는지, 제주시는 이곳 로렐라이 지역과 자매결연까지 맺고 기념비 양쪽으로 구척이 넘을 듯한 돌하르방까지 세워 놓았다. 수십만 리 머나먼 대한민국 제주에서 온 하르방, 반갑고 대견해서 콧등이 시큰하다. 멀리 굽어본 라인은 참으로 아름답고 위대해 보였다. 스위스에서 발원하여 수수만년 흐르고 흘러 북해로 간다. 산기슭과 언덕 위의 고성들, 강변에 낮게 엎드린 작은 집들이 저녁노을에 붉게 물들어 있었다. 하이네의 시, 「로렐라이」를 기억하며 숨이 멎도록 아름다운 풍경에 빠질 듯했다.

내 마음 왜 이리 슬픈지 모르겠네.
옛날부터 전해오는 전설 하나,
마음에서 떠나지 않는다네.
바람은 서늘하고 날은 저무는데 고요히 흐르는 라인
산봉우리의 저녁 햇살 눈부시게 빛나고
저 꼭대기 아름다운 처녀가 앉아 있네.
그녀의 빛나는 황금빛 보석, 금빛 머리칼을 빗고 있네.
황금 빗으로 머릿결을 쓰다듬으며 그녀는 노래를 부르니
그 가락 참으로 아름답구나
격한 슬픔으로 작은 배의 사공을 사로잡는 멜로디

산봉우리만 올려다보는 사공은 암초를 보지 못하네.
사공과 그의 배를 물살이 삼켜버리겠지.
아름다운 노래를 부른 로렐라이가 저지른 일이라네.

이 시를 쓴 하이네 또한 독일 국민에게 환영받지 못한 저항 작가이다. 유대인이었으나 기독교로 개종했을 때 "세례증명은 유럽문화의 입장권이다."라고 했던 그의 뼈아픈 말은 유럽의 종교와 문화와 가치관을 한 데 묶어 표현한 것이 아닐까? 프리드리히 질허의 작곡으로 로렐라이 언덕의 슬픈 전설을 담은 이 노래는 독일국민은 물론 온 세상 사람들이 따라 불렀어도, 히틀러 시대에는 모든 유대인 작가의 작품이 금서처분을 받았다. 하지만 그의 노래만은 어찌할 수 없어 나치마저도 '작가 미상'으로 처리하여 존속되었다. 그는 조국이 아닌 프랑스 파리에서나 인정받는 외로운 망명 작가의 삶을 살았다. 그가 태어난 고향인 뒤셀도르프는 오래도록 그를 품어주지 않았다. 이십여 년에 걸친 논란 끝에 대학교의 이름에 '하인리히 하이네 대학교'라는 공식적인 이름을 붙이기는 했지만, 아직도 뒤셀도르프 사람들은 그 사실을 내심 반기지 않는다. 민족과 문화의 화합과 종교적인 관용이란 과연 어디까지가 그 한계일까?

라인의 지류인 마인강 연안의 프랑크푸르트를 지나며 이곳에서 태어난 독일의 대문호 요한 볼프강 폰 괴테를 빼놓을 수는 없다. 한글이 있음에도 언문이라 하대하며 한자를 사용하던 조선 시대처럼 프로이센 궁정은 물론 식자들이 불어를 사용하고 있던 시대에 독일어와 독일의 문학을 세계문학의 반열에 올려놓은 괴테가 아닌가. 괴테가 없는 독일은 존재하지 않는다고 해도 과언이 아니다. 그의 문학 철학 자연과학과 예술에 관한 재능은 탁월했고, 바이마르 공국에서는 정치적인 수완을 발휘하여 재상의 자리에 오를 정도였다. 그의 편지소설 『젊은 베르테르의 슬픔』은 나폴레옹도 전장에서 틈틈이 애독했다지 않는가. 바이마르공국의 아우구스트 공이 묻힌 왕가의 묘소에 괴테와 실러가 함께 안장되었다는 사실은 이들의 문학적 공적에 대한 예우이며 문학과 예술의 힘이고 영광이기도 하다.

이제 독일의 남서부, 라인의 지류인 네카 강변으로 방향을 바꾼다. 슈바르츠발트의 작은 도시 칼프에서 태어난 헤르만 헤세를 올해도 다시 만났다. 그의 출생과 문학의 근원이 되었던 곳곳의 발자취를 더듬었던 지난해에 이어 그의 삶을 더욱 깊이 이해하고 배우기 위한 두 번째의 길이다. 20세기 더없이 화려한 문명을 날리며 청춘의 고뇌와 인간 내면의 양면성에 대한 고찰과 휴머니즘에 대하여 천착한 그의 작품들은 노벨문학상 수상으로 그의 문학적 입지를 더욱 견고히 했다. 목사인 아버지와 유서 깊은 신학자 가문인 모계의 영향을 받았음에도 초년기의 그의 방황과 고뇌는 아마도 운명적이었을 것이다. 그의 작품들을 위한 뼈대와 자양분이 되었던 모든 체험과 시대 상황은 그의 시나 소설의 주제로 문명사회와 인간의 속성을 꿰뚫었으리라 여겨진다.

『데미안』과 『싯달타』, 『유리알 유희』등의 작가 헤르만 헤세는 우리에게 너무도 친숙하다. 그의 내면의 세계를 조금이나마 더 이해하려고 비를 맞으며 마울부론의 신학교를 찾았다. 12세기 중반에 지어진 중세의 시토회 소속 수도원은 세계문화유산으로 등재될 정도로 아름답고 보배롭다. 보존상태가 완벽한 고딕 건축 양식의 석조건물과 부속 건물들은 헤세의 자전적 소설 『수레바퀴 밑에서』의 배경이 되어 더욱 유명하다. 고향 마을의 교장 선생님을 위시한 모든 이들의 기대에 걸맞게 우수한 성적으로 신학교에 입학했지만 엄격한 수도원 생활을 그는 견디지 못했다. 부모님께 호소하며 써 내려간 친필의 편지를 박물관 자료실에서 들여다보며 나의 마음도 저렸다. 이곳에서 수학했던 외조부 군데르트와 저 유명한 휠덜린을 의식한 소년의 가슴은 얼마나 짓눌렸을까. 까마득히 높은 궁륭의 천장, 차가운 돌바닥, 뼈가 아프도록 딱딱한 의자들을 구경하는 것만으로도 온몸이 서늘해 왔다. 마치 『수레바퀴 밑에서』의 주인공 한스가 겁에 질려 저 한구석에서 여윈 몸을 웅크리고 있는 듯했다.

결국 천재 소년 헤세는 그곳에 적응하지 못하고 고향으로 돌아온다. 시계 공장 견습공 등으로 성실한 삶을 살며 어머니를 안심시키기도 하고, 튀빙겐에서는 서점의 점원으로 일을 배우며 오직 시인으로의 길을 간다. 외가의 영향으로 후일 인도 방문이나 중국의 고대 사상을 가까이하고, 동양학자인 외사촌을 통한 일본의 선불교에 대한 이해는 그의 삶과 작품에 지대한 영향을 끼쳤다. 동양에 대한 그리움은 타고난 운명이며 전생에 그는 동양인이었을 것이라고도 했다. 뿌리가 다른 문화와 역사, 가치관에 대한 깊은 인식은 그의 문학적 역량의 폭을 넓혀주었고 어린 시절부터의 방황과 다양한 체험, 정신적인 고통 모두가 그에겐 작품의 소재가 되었다. 1, 2차 대전을 통한 인간성의 상실과 민족 종교 간의 갈등을 몸소 겪으며 얻은 사유와 깨달음은 '마울브론의 샘'처럼 마르지 않았다. '라인 폭포'에 이르러 그 장관을 바라보다 몬타놀라로 향했다. 헤세는 그곳에서 정원을 가꾸며 자연과 생명을 사랑하며 말년을 보냈고 85세의 나이로 영면하였다. 사적인 불행이나 주변의 어두운 상황에서도 부단히 써 내려간 그의 글의 깊이와 넓이는 동과 서를 조화롭게 이해한 긍정적 사고에서 비롯되었으리. 인도의 불교와 동양사상을 통한 관조와 여유, 대자연과 우주의 섭리는 그가 늘 이야기하는 아름다움과 선함을 추구한 삶의 근원이었을 것이다.

새로운 둥지를 틀 때면 꾸미는 작은 정원은 그의 유년기를 끊임없이 다시 꽃피워 낸 것이 아닐까. 보덴제의 젊은 날도 몬테뇰라에서 주름진 얼굴에 행복이 넘치던 노년 생활도 그러했으리라. 공동묘지에 세워진 유택마저도 그가 못내 그리워하던 곳의 정경이었다. 네모진 화강암 묘비를 가운데 두고 아주 작은 동양식 정원이 도사리고 있다. 그 유정함에 미소를 지었다. 어느 누가 그의 오랜 꿈을 저리도 곱게 표현해 주었을까? 작은 단풍나무와 월계수 그늘에 돌확엔 작은 연못도 담겨 있어서 어디선가 물 흐르는 소리가 들릴 듯했다.

"안녕하세요 헤세 작가님, 이제 그곳으로 가시니 행복하시지요?"

그분께 나는 조용히 물었다.

몬테뇰라의 작은 정원을 내려다보는 하늘은 푸르고 바람결은 부드러웠다.

『한국수필』 2018 8

지성과 낭만의 대학도시, 예나

- 괴테와 쉴러, 노발리스와 하이네에 대한 이야기 -

예나에 도착했다. 바이마르의 찬란한 세계문화유산을 접한 문화충격이 아물어지기도 전에 또 다른 전율이 느껴진다. 대성당 앞 광장은 물을 끼얹은 듯 조용하다. 중세의 대학도시, 지성과 낭만이 가득하던 이 고도. 광장의 한 모퉁이 한산한 카페로 들어갔다. 오직 두 잔의 카푸치노와 샌드위치를 주문하러 간 할아버지, 앳된 여점원과의 담화가 늘어진다. 만년의 괴테가 꽃 같은 울리케에게 품었던 연정도 저러했을까? 조손祖孫 같은데, 젊은 남녀처럼 즐겁게 이야기하는 모습이 꼭 그래 보인다. 대문호 요한 볼프강 폰 괴테도 인생의 노을은 잡을 수 없었음을, 참으로 인생이 잠깐인 것을 저 아리따운 아가씨는 알까. 문득 젊은 괴테가 오르내리던 일메나우의 사냥터 오두막에서 벽에다 즉흥으로 썼다던 시를 생각한다. 이승의 끝자락에 노구의 몸으로 다시 한번 정상에 올라가 눈물지으며 읊었다던 시, 「나그네의 밤 노래」를.

모든 산봉우리에 정적이 감돌고
나뭇가지조차
죽은 듯 고요하구나.
숲속의 새들도 입을 다문게지,
기다려라,
머지않아 너 역시 쉬리니.

갑자기 광장에는 인파로 가득하다. 미사를 끝낸 사람들이 교회에서 밀려 나온다. 기독교 문화가 찬란히 꽃피었던 때가 언제인가, 가는 곳마다 텅 빈 교회는 오늘날 유럽의 현실이다. 성탄절도 부활절도 아닌 주일미사에 넘치도록 많은 신도들이 낯설다. 붉은 모자를 쓴 주교님까지 오셔서 집전하신 큰 미사인 듯, 신부님들과 신자들의 긴 행렬도 이어지고 있다. 신·구 교도가 함께 드리는 연합미사였다는 데 함께하지 못했음이 아쉽다. 마틴 루터 탄생 500주년 기념으로 초대교회 미사 양식으로 예배를 드렸던 어느 날이 떠오른다. 면죄부를 사고팔던 중세의 암흑시대를 회개하고, 신을 믿지 못하게 하는 과학 문명을 반성하며, 신의 부재와 죽음을 외치는 외눈박이 문명사회를 돌아보던 특별한 예배는 몇 십 년이 지나도록 신선하게 여겨진다.

모두 하나 되어 은총을 가득히 안고 돌아간 텅 빈 교회로 들어간다. 다 타고 난 재의 향에라도 젖어보려고 한 조각 마음을 성수에 담갔다.

광장의 뒤편은 또 다른 세상이다. 이곳 대학 창립자인 요한 프리드리히 1세의 동상을 가운데로 카페와 레스토랑마다 사람들이 가득하다. 우리가 가야할 골목길을 찾아 나선다. 유명한 문인들과 철학자들의 발자취가 새겨진 두어 줄 안내 문구들이 반갑다. 벽이나 담장에 '누가 언제 살았다는 표지판'을 붙여 놓은 친절은 낯선 이방인에게 더없이 소중한 이정표가 된다. 예나 대학교의 역사학 교수였던 극작가 프리드리히 쉴러와 함께 철학자 피히테와 헤겔, 낭만주의 시인 슐레겔 형제와 노발리스, 이름만 들어도 가슴이 두근거리는 선험자들의 길을 더듬어 간다. 괴테는 프랑크푸르트의 황실 고문관이었던 아버지의 배려로 당시 유행하던 여러 학문의 개인 교습을 받으며 자라났다. 이와는 달리 뷔텐베르크의 작은 마을 마르바흐 출생인 쉴러는 하급군인의 아들로 원하는 교육을 받을 수 없었다. 쉴러의 재능을 아깝게 여긴 뷔텐베르크의 영주 오이겐 공은 인재양성을 목적으로 자신이 설립한 쉬투트가르트의 카알스슐레에 그를 입학시킨다. 그곳에서 그는 의무적으로 법학을 전공하다가 의학으로 전과하여 임상학 및 약학 등을 공부하였다. 졸업식장에 바이마르 공작과 함께 귀빈으로 참석한 괴테는 몇 번이나 상장을 받는 뛰어난 인재 쉴러를 눈여겨보았다. 괴테는 쉴러를 훗날 예나대학의 역사학과 교수로 추천하는 등 아낌없이 지원했다. 후배였지만 그의 문학적 역량을 진심으로 존경했고 두 시인은 1794년 7월 예나에서 개최된 '자연과학 학회'에서 만나 서로의 예술관을 확인한다. 이후 '경험적'인 괴테와 '관념적'인 실러의 작품활동은 상호보완 되어 '바이마르 고전주의' 문학을 대표하는 문학적 동지가 되었다.

쉴러는 칼스슐레 재학 중에도 문학적 열정을 피할 수 없는 운명의 부름을 따른다. 법학이나 자연과학보다는 타오르는 문학에 대한 관심으로 학교 당국의 눈을 피해가며 셰익스피어와 렛싱, 루소와 괴테를 탐독하며 당시의 문예사조인 질풍노도 운동에 공명하였다. 특히 루소의 '자유'와 '자연'에 대한 신념을 자신의 것으로 육화하여 젊은 나이 18세에 처녀작인 희곡 『군도』를 구상하였다. 아무도 관심을 보이지 않는 『군도』를 졸업 후 군의관의 박봉으로 자비 출판한 그는 독일 희곡 사상 유례없는 돌풍을 일으켰다. 은인일 수도 있는 오이겐 공에 대한 비방과 사회악을 고발한 내용의 희곡을 쓸 때 이미 고향과 부모를 이별할 각오로 썼다 한다. 죽음을 불사한 자유에 대한 갈망은 공국의 압제와 인습에 대한 반항과 이상에 불타는 젊은 정의감은 물론 무력한 동시대인들에 대한 신랄한 비평까지도 서슴지 않았던 불후의 명작이었다. 샬롯데와 결혼 후 대학교수로서 안정된 생활 뒤에는 과중한 임무와 병행된, 어쩌면 그보다 우선이었을 창작에 대한 열망이 그의 육신을 고되게 했다. 칸트에 관한 집중적인 연구 및 저술 등으로 신병은 점점 악화하여 46세란 아까운 나이에 숨을 거두었다. 운명의 혜택을 충분히 받고 태어나서 평생을 유복하게 지낸 괴테와는 전혀 달랐다. 그러나 어려운 환경을 극복해가며 자신의 사상과 이념을 작품에 담기 위해 부단히 노력한 쉴러는 예나의 상징이 되어 오늘날 예나대학교의 공식 학교명으로 그 이름을 빛내고 있다. 죽기 전까지도 붓을 놓지 못했던 그를 보내면서 괴테는 무척이나 슬퍼했다고 한다. 바이마르의 공동묘지에는 공작 부부와 그 가족만이 묻힐 수 있는 궁정 묘소에 괴테와 쉴러가 나란히 잠들어 있다. 그들의 문학적 동지애도 부럽지만 두 시인을 공국의 귀족으로 우대한 아우구스트 공작과 그 어머니인 안나 아말리아의 문학과 예술에 대한 사랑의 금자탑 앞에 오래도록 가슴이 뭉클했다.

도시 전체가 철학이고 문학이며 오늘날에는 첨단의 자연과학까지 아우르는 현대의 예나에서 한나절은 짧았다. 그 거리 한구석에 우리가 찾던 '로만티커하우스'가 있었다. 18세기에서 19세기 초까지 유럽의 철학과 낭만주의의 중심이 된 예나가 아닌가. 피히테가 살았다는 3층 건물의 작은 박물관의 삐걱대는 계단을 오르며 노발리스와 슐레겔, 괴테와 하이네도 다시 만난다. 낭만파의 대표 시인으로 일컬어지는 노발리스의 초상화가 벽 하나 가득히 담겨 있다. 반짝이는 두 눈에서 그의 맑은 영혼과 신열이 느껴진다. 프리드리히 폰 하르덴베르크라는 본명의 그는 '새로운 땅을 개척하는 자'라는 뜻의 라틴어 이름 '노발리스'를 조상의 계보에서 찾아내었다. 미지에 대한 그리움을 모토로 하는 독일 낭만주의의 대표자다운 이름을 스스로 지어준 셈이다. 그림 속 긴 머리의 청년은 지금도 푸른 꽃을 찾아 헤매는 동화 속의 하인리히를 닮은 듯하다. 29세로 요절하기까지 「푸른 꽃」, 「밤의 찬가」 등의 작품을 써서 독일 낭만주의 문학의 상징이 되는 노발리스. 예나 대학 시절 쉴러의 강의를 들으며 그 인격에 감화된 그는 세속적인 행복보다는 이상에 몰입했던 스승을 따르고 싶어 했다.

낭만주의 학파의 빛나는 별 같은 작가이며 가장 신비로운 작품을 남긴 노발리스는 더 높은 목적을 향한 확고한 의지로 자신을 의식하며 세계를 이해하려 노력했다. 운명적인 소피와의 짧은 만남, 결핵을 앓던 그녀의 죽음은 오히려 그에게 불멸의 시 「밤의 찬가」를 쓰게 했다. 심령적이고 피안적인 낭만 정신을 낳은 그는 육신은 이승에 있으면서도 피안의 소피와 함께 살아가는 체험으로 일기를 쓴다. 비탄에 젖어 그녀의 무덤에서 밤을 지새우며 문학적 동경과 성취를 이룩한 그는 늘 신비의 세계에 젖어 있었다. 현실에 대한 혐

오와 죽음에 대한 동경, 자신의 근원인 이상과 동화 속에서 로맨틱을 꿈꾸면서 엮어낸 「밤의 찬가」 중에서 문학사적 의미가 큰 제3장을 옮긴다.

밤의 찬가 3

그때, 내가 쓰라린 눈물을 쏟았을 때, 고통에 녹아버린 내 희망이 스러졌을 때, 내가 메마른 언덕가에 서 있었을 때, 그 좁고 어두운 공간에 내 삶의 형상을 숨기고 있었을 때 – 외로움, 어떤 고독자도 맛보지 못한 외로움으로 몸서리쳤을 때, 말할 수 없는 불안에 내몰려 무력 속에서, 불행만을 생각하고 있었을 때였다. - 나는 도움을 청하며 주위를 둘러보았으나, 앞으로도 나아가지 못하고 뒤로도 돌아갈 수 없어, 불빛이 꺼져 흩어지는 생명을 무한한 그리움으로 붙잡고만 있던 터였다. - 그때 저 멀리 어슴푸레한 곳에서 – 내 옛 지복祉福의 창공에서 황혼의 소나기가 다가오더니 – 홀연히 탄생의 끈을, 빛의 구속을 끊어버렸다. 지상의 장려함도, 또 내 슬픔도 그렇게 멀리 달아났으니 – 아련한 비애는 끝을 알 수 없는 새로운 세계 속으로 흘러 들어갔다. – 밤의 열광이여, 하늘의 잠이여, 바로 그대가 내게로 다가왔던 것이다. – 내 주변은 살며시 솟아올랐고, 속박에서 벗어난, 새로 태어난 나의 정신이 그 위로 떠올랐다. 언덕은 먼지구름으로 변했으며 – 나는 구름을 뚫고 연인의 변용된 면모를 볼 수 있었다. 그녀의 두 눈에서 영원히 쉬고 있었다. - 나는 그녀의 손을 붙잡았고, 눈물은 불꽃을 머금은 영원의 끈으로 화했다. 수천 년 세월이 저 멀리 아래편으로, 폭풍우처럼 스쳐 지나갔다. 나는 그녀의 목을 끌어안고 새로운 삶의 황홀한 눈물을 흘렸다. - 이것이 최초의 꿈, 유일한 꿈이었다. - 그때부터 나는 비로소 밤하늘과 밤하늘의 빛, 내 연인을 향한 영원불변의 신앙을 가지게 되었다.

노발리스, 밤의 찬가/철학파편집, 서울 2018, 14 f.

노발리스의 불꽃 같은 삶과 그의 작품들에 이어서 하이네의 방이다. '청년 독일파' 시인 하이네, 그의 망명생활은 새처럼 자유롭다는 의미의 커다란 포스터가 눈길을 끈다. 유대인이지만 기독교 문화를 받아들여야만 했던 그의 진정한 고향은 어디인가를 다시 묻는다. 아우구스부르크 신문의 정치부 특파원이었던 그가 파리에서 꿈에도 잊지 못할 고향 독일의 이야기를 썼던 슬픔과 아픔은 '로만틱 아이러니'로 승화되었음을 본다. 프랑스의 정세를 독일로, 독일의 철학과 문학을 프랑스에 알리는데 힘쓴 그의 공적은 프랑스 문단의 거물인 발자크와 빅토르 위고, 조르주 상드 등 당대 지성들과의 교류를 가능하게 했다. 멋지고 재치 있는 그에게 프랑스의 문학 살롱은 환대하며 문호를 개방했어도 그의 고향 독일과 독일어에 대한 그리움은 끝이 없었다.

언젠가 나에게는 조국이 있었다.
참나무가 하늘 높이 자라나고
오랑캐꽃이 다정하게 인사하는
그러나 그것은 꿈이었다
그 조국은 나에게 독일말로 입맞춤하고
나는 너를 사랑한다고 하며
그 친숙한 독일말로 나에게 말하는 것이었다.
그러나 그것은 꿈이었다.

라고 하이네는 독일에 대한 한없는 동경과 사랑을 표현했다.

해가 많이 기울었다. '쉴러 교회' 방문이 남았기에 길을 서둘렀다. 쉴러의 결혼식이 거행되었던 도시 외곽의 작은 교회를 찾았다. 작은 문을 열고 들어가니 한 노부인이 연단에 서서 무언가를 읽고 있다. 방문 목적을 이야기하자 반색을 하며 쉴러에 대한 이야기를 신명 나게 해준다. 쉴러 교회라고 하지만 가톨릭에서 공인하는 성인품에 오르지 못한 까닭으로 공식 명칭은 될 수 없다는 아쉬움을 말끝에 흐린다. 그녀는 성전의 관리와 예배를 위한 주보 만들기까지 온 정성을 다해 헌신하고 있었다. 곧 어느 단체에서 이 교회에 대한 역사를 들으러 오니 함께하자는 푸른 눈의 여인은 정녕 하늘에서 우리에게 내려온 천사 같았다. 그녀는 그사이 교회 벽에 쉴러와

샤롯데의 결혼 사실을 부조한 곳으로 안내하며 결혼이야기에 흥을 올린다. 예정보다 반 시간이나 늦게 십여 명의 젊은이들이 우르르 몰려들다 동양인 부부가 앉아 있는 것을 보더니 좀 놀라는 눈치였다. "어서 와요. 이분들도 오늘 우리 교회를 방문한 분들입니다. 함께 쉴러에 대해 강의를 듣도록 하지요. 이쪽으로 앞으로 오세요" 하며 손짓을 하는데도 그들은 머뭇거리며 뒤쪽에 흩어져 앉았다. 10분이 지났을까, 한 젊은이가 일어나서 하는 말은 7시 정각에 저녁 식사 약속이 되어있으니 강의를 짧게 끝내 달라는 부탁이었다. 그녀는 표정 하나 변하지 않고 5분 안에 강의를 마쳤다. "30분을 기다리게 해놓고 30분이나 먼저 가는 저들에게 무슨 말씀을 전하오리까?"

제대를 향한 그녀의 독백에 우리는 입을 다물었다.

셋이서 여름날의 긴 해가 저물도록 이야기를 나누었다. 세월에 대해서, 동서양의 사람들에 대해서, 젊은이들의 가치관과 문화에 대해서… 우리 서로 멀리 떨어져 있어 이생에서 다시 못 만나더라도 저 위에서 다시 만나자며 하늘을 가리키는 그녀의 두 눈이 젖어 있었다. 문밖까지 나와 배웅을 하는 그녀의 손을 다시 한번 잡아주고 그토록 만나보고 싶었던 19세기의 지성과 낭만의 대학도시 예나를 떠났다.

『한국수필』 2018 10

네카 강변에서

네카 강변이 내려다보이는 고성古城 호엔튀빙겐이다. 독일 남서부 바덴뷔르템베르크 주도의 튀빙겐대학은 1477년에 개교되었다. 유네스코 세계문화유산에 등재된 박물관도 있을 정도로 오랜 역사와 전통이 깃든 유서 깊은 곳이다. 깊고 푸른 네카 강변 양쪽으로 발달한 튀빙겐은 전통적인 대학 도시로 전체 인구가 십만이 못 되는데 그중에 대학생이 삼분의 일을 넘고 그곳에 종사하는 직원이 또 그 반이 넘는다. 고도古都에 활력이 넘치는 젊은 대학생들이 어울리니 매력이 넘치는 도시이다. 로마 개선문의 형태를 닮은 성문에는 가터문장도 새겨져 있다. 이 견고한 성을 거쳐 간 수많은 석학들의 발자취가 묻어 있을 곳곳에서 한 발자국 내딛기가 조심스러웠다. 그분들의 사상과 철학은 감히 범접하지 못할 외경의 범주였기에 성문을 나와서야 어떤 중압감에서 벗어난 기분이다. 성문 밖 언덕마루에 서서 먼 하늘과 흰 구름을 바라보며 다시 나를 찾고 있을 때

저 아래로부터 돌길을 힘들게 올라오는 여인이 있다. 덩달아 내가 숨이 차는 듯해서 말을 건넸다.

"일 분만 쉬었다 가세요. 이곳의 바람이 참 좋습니다"

그녀도 헐떡이면서 아무 말도 못하고 웃으며 선글라스를 벗고 잠시 우리 앞에 선다. 더없이 아름다운 유월이지만 언덕을 오르기에는 무더운 날씨다. 더구나 이 꼭대기의 철학부 캠퍼스를 올라오는 중년의 여인인들 어찌 힘들지 않을까. 일 분간의 휴식을 권하는 우리에게 느닷없이 한국인이냐고 묻는다. 일본인도 중국인도 아닌 것을 어떻게 아느냐고 시작한 담화에서 일본학과의 강사인 그녀의 부전공이 한국어라는 사실까지 듣게 되었다. 오래 겪어보면 알게 되는 것은 속내뿐이 아니다. 인종마다 민족마다 다른 외양도 그렇지 않던가. 오가는 길에서 만난 짧은 인연이었지만 이런저런 이야기를 하며 개신교신학대학 기숙사를 들러볼 것을 추천받았다. 성에서의 긴장을 풀어주고 좋은 곳을 안내해준 천사에게 감사하며 언덕을 내려왔다.

여행을 하다보면 많은 에피소드가 생긴다. 즐거운 일도 많지만 당황스럽고 놀라운 일도 많다. 그럼에도 길을 떠나고 미지의 세계를 찾아가는 이유는 단순한 호기심만은 아니다. 내 것이 아닌 것에서, 내 나라가 아닌 이역만리에서 겪는 여러 경험을 통해 느끼고 배우는 것이 크기 때문일 것이다. 수백 년 된 우람한 석조건물의 경관을 그저 돌아보는 것이 아니다. 이곳을 거쳐 간 사람들, 이 도시에서 온 일생을 다하여 배우고 노력하여 자신만의 세계를 이룩한 사람들의 발자취를 더듬는 것은 큰 기쁨이다. 가톨릭 대학도 있지만 개신교대학에서 운영하는 신학부 기숙사는 역사와 전통을 자랑하는 특별한 곳이다. 많은 석학들의 얼굴들이 벽면에 새겨져 있는 15세기에 지어진 고풍스런 회랑을 걸으며 느끼는 감정은 유별했다. 기숙사 총감독이라고 하는 사람을 만나 관내 견학을 의뢰했더니 기꺼이 그리고 자랑스럽게 이곳의 오랜 역사와 위대한 인물들을 열거하며 설명해 주었다. 철학부에서 이미 주눅이 들어온 데다 벽마다 조각된 수많은 학자들에 관해 이야기를 들으며 나의 부족한 인문학적 식견에 오금이 저린다. 횔덜린, 헤겔, 쉘링이 함께 사용하던 그 유명한 '아우구스티너의 방'도 사라질 정도로 젊은 인재들을 위한 넓고 편리한 공간으로 개축되었다고 한다. 대학생들이 모여 점심식사를 준비하며 또 한편에서는 식사를 하면서도 토론에 열중하는 모습이 인상적이었다. 활기 넘치는 식당 안내를 끝으로 기념사진 촬영까지 마치고 밖으로 나오니 서늘한 돌집과는 달리 한여름 햇살이 뜨겁다.

몇 골목을 더 올라가자 슈티프트 교회와 광장이 있고 헤르만 헤세가 점원으로 일했던 서점, '헤켁하우에르'가 보였다. 지은 지 오백 년이 된 건물 앞에 선다. 노벨상을 수상한 그는 지구상의 수많은 독자를 가진 더없이 유명한 독일의 작가이다. 그의 방황하던 소년 시절이나 학업을 중단하고 서점의 직원으로 일하던 무명시절을 어디에서 찾아볼까. 알에서 깨어나는 데미안처럼 그도 수많은 껍질을 벗고 또 벗으며 성장해 나아갔을 것이다. 마울브론의 신학교를 중퇴하면서의 방황은 어쩌면 그를 더 넓고 큰 세계로 이끌어주었으리라. 저 작은 서점 안에서 높이 쌓인 서가를 오가며 또는 한 모퉁이에서 그는 날마다 꿈을 꾸었을 것이다. 유년의 추억으로 '싯달타'를 쓰기까지, 무궁한 자연의 아름다움을 섭렵하며 작은 정원의 푸른 생명에 대한 글을 쓰던 노년까지. 그의 필력이 저 작은 공간에서 싹트고 자랐으리라 생각하니 조그만 서점이 마치 언덕 위의 성처럼 위대해 보인다.

타국에서 그들이 이룩한 문화와 역사와 철학을 주마간산으로 돌아보는 이방인의 낯선 외로움은 한낮의 더위도 쓸쓸하게 만든다. 달고 부드러운 아이스크림를 사 들고 하릴없이 강변으로 내려섰다. 정갈한 테이블보가 눈부신 야외 레스토랑에 이어진 노란색 건물, '횔덜린(1807-1843) 탑'이다. '여기에 횔덜린이 살다 눈을 감다'라는 팻말이 새겨져 있다. 아, 누가 저 창가에서 시를 썼던가. 수제테, 그의 유일무이한 사랑 디오티마, 온 마음을 다해 사랑하던 여인의 영혼도 그와 함께 저 창가에 서 있었을 것이다. 삼십 대 후반의 젊은 횔덜린이 정신병으로 유폐되어 투병의 세월을 보낸 곳, 지금은 박물관이 되어 있었다. 그가 프랑크푸르트의 은행가인 공타르의 집에서 가정교사로 있었을 때 만난 운명의 여인 수제테 부인과의 플라토닉한 사랑이 아니었다면 그의 시가 존재했을까. 미치도록, 정신줄을 놓을 정도로 사랑한 그녀를 향한 집념은 네카의 푸른 강물처럼 깊었으리. 그가 창안에 서서 내려다보는 네카의 물빛은 어떠했을까.

무한한 상상의 날개를 접고 강변을 떠나 횔덜린의 묘소를 찾아간다. 철학자인 하이데거도 '시인 중에 시인'이라고 극찬한 횔덜린은 독일어로 된 가장 아름다운 서정시를 썼다고 한다. 시인은 신의 섭리를 인간에게 전달할 중대한 의무를 가진다는 신념을 가졌던 그는 비장함과 숭고함의 시어들로 창작에 임했다. 그가 겪었던 정신적 갈등은 현대의 정신분석학자들에게도 한 과제를 안겨주었듯이 지난한 삶을 이어갔다. 불우한 그의 일생이 승화되어 저 유명한 시, 「빵과 포도주」로 변모했을까? 자신의 천직이 시인임을 자각하며 평탄한 길을 버리고 오직 시인으로의 삶을 위해 방랑과 고난의 일생을 보냈던 횔덜린. 드디어 그의 영원한 안식처에 도달한다. 어두한 정신병동이 아닌 햇빛 밝은 곳에서 영면하고 있는 그의 집 앞에 섰다. 누군가 그의 묘비 앞에 두고 간 시들어가는 꽃다발에 유월의 햇살이 가득히 내려앉고 있다. 아름다운 영혼의 시를 빚어낸 그를 위해 잠시 눈을 감는다. 저세상에서는 부디 그가 사랑하던 수제테, '휘페리온'의 디오티마와 함께 영원한 안식을…

『PEN문학』 2017 11-12

비엔나 숲속의 이야기

- 마이얼링의 비가 -

유월의 하늘엔 뭉게구름이 지어놓은 궁전이 아름답다. 샹들리에가 빛나는 '거울의 방'보다 빛난다. 화려한 장식품과 회화들, 카펫, 반짝이는 가구들과 집기들로 가득한 쉔브룬의 휘황찬란함에서 해방된 기분이다. 초상화 속의 엘리자벳 황후가 그랬을까. 무척이나 답답한 마음으로 합스부르크 왕조의 궁전 관람을 마치고 서둘러 그곳을 떠났다. 그녀의 가슴에 묻어야만 했던 사랑하는 아들 루돌프 황태자의 이야기가 못내 궁금해서. 비엔나에서 그리 멀지 않은 숲속에 사냥을 위해 세워진 별궁에 비운의 사랑을 묻어 버리고 떠난 황태자 루돌프와 마리 베체라. 그들의 이야기는 오래도록 영화와 뮤지컬, 발레공연으로도 알려졌지만 이렇게 직접 그곳을 찾아가는 마음에 잔잔한 파문이 인다. 마이얼링, 남서쪽으로 가는 환상도로로 접어든다. 무려 68년이나 재위했던 프란츠 요셉 황제가 무척이나 공들인 도시계획으로 이 견고한 도로들을 건설했다지 않는가.

황제는 오직 일에 파묻혀 지내며 촌음을 아끼려고 식사도 서재의 작업 테이블에서 했다던 해설사의 이야기가 아직도 귓가에 머문다. 근면한 황제를 보필하기보다는 자신의 미모와 몸매만 가꾸며 여행을 즐기던 엘리자벳 황후, 꽃 같은 모습의 초상화가 다시 떠오른다. 바이에른 왕국 출신의 자유분방한 그녀의 아명兒名 '시시'라는 애칭으로 후세인들이 열광하는 까닭은 무엇일까? 그녀의 가는 허리인가, 아름다운 머릿결인가, 아니면 히스테리칼하며 자조적인 웃음에 대한 연민 때문인가. 황실에 안주하기 싫어했고 엄숙한 궁중 생활을 그녀는 무척이나 증오했다. 인형처럼 무표정하게 초상화의 틀에 갇혀있는 그녀에게 오히려 동정의 눈길을 보내던 관람객들도 많았다. 그 '시시'의 상표를 단 수많은 기념품들이 관광객들을 통해 효자 상품 노릇을 하니 이 또한 이율배반이 아닌가.

웅장한 건축물과 도로를 달리는 자동차와 전차의 행렬들로 복잡한 도심을 벗어나자 산과 호수가 어우러진 비엔나의 외곽은 평화로운 녹색의 들판이다. 끝없이 이어지는 옥수수와 밀밭을 지난다. 높은 구릉을 지나고 다시 언덕을 내려가는 비밀의 숲 마이얼링을 찾아서. 작은 교회를 중심으로 부속 건물들이 낡은 파빌리옹과 함께 한적하게 서 있다. 하마터면 지나칠 뻔했다. 바로 이곳에서 세계를 울렸던 그 엄청난 비련의 애사가 있었다니. 1889년 황태자 루돌프가 애인이었던 마리 베체라와 함께 삶을 마감한 곳이다. 황태자 루돌프의 어머니인 '시시'의 기념관 같은 착각이 들 정도로 그녀의 아름다운 자태가 새겨진 가지가지 상품들이 기념관 한쪽 매장에 가득하다.

이미 벨기에의 공주 슈테파니와 혼인한 상태의 황태자는 심한 우울증과 성격장애로 시달렸다고 한다. 또한 당시의 복잡한 유럽의 정치상황과 합스부르크 가문의 전통과 개혁 사이의 갈등에 대하여 고뇌함은 물론 왕위를 물려받을 엄청난 책무 등으로 힘겨웠으리라. 어느 날 꿈같이 만나게 된 천진하고 명랑한 마리와의 사랑을 그렇게 참혹하게 끝낼 줄이야. 무거운 미래의 왕관을 벗어 던지며 이곳 마이얼링에서 의문의 죽음을 택하게 된 세기의 로맨스는 오랜 세월이 흘러도 여전히 새로운 이야기가 된다.

퇴색하여 푸르스름한 파빌리용의 문을 열어보았다. 소박한 탁자 위에 빈 찻잔들이 놓여 있다. '탕탕'하는 단 두 발의 총성이 전부였을까? 그날부터 100여 년이 흐른 지금에도 자살이 아닌 타살이라는 또 다른 의문과 증언들이 당시의 복잡한 정치 상황을 암시하기도 한다. 신앙심이 깊었던 황제는 충격과 슬픔을 이겨내려 숲속 사냥터의 별궁을 수녀원으로 개조하게 했다. 그리고 연인이 함께 떠난 그 자리에 아담하나 화려한 교회를 세워 저세상에서의 명복을 기원했다. 황후 시시는 더욱 더 방황하고 당시의 오스트리아의 지배를 받던 제네바 여행 중에 한 무정부주의자에게 암살당했다. 그 막강하던 왕조는 너무도 빨리 몰락해 갔다. 후계자가 된 조카 페르디난트 황태자 부부가 1914년 6월 28일 사라예보를 방문하던 날 세르비아의 민족주의자들에 의해 살해되었고, 이 사건은 곧바로 세계 1차 대전의 도화선이 되었다. 합스부르크 왕국의 동맹국인 독일과 슬라브 민족의 동맹인 러시아와의 전쟁으로 확산된 '구라파 전쟁'은 걷잡을 수 없는 파국으로 치달았다.

적막한 마이얼링의 작은 파빌리용엔 침묵이 서려 있다. 푸른 하늘에 무심히 떠 있는 뭉게구름도 쉔브룬 궁전처럼 찬란하다. 그날의 슬픔과 아픔을 기리기 위해 세워진 교회로 올라가는 계단 앞에서 발걸음을 멈춘다. 양쪽으로 대칭을 이루며 가득히 피어난 장미는 6월의 신부처럼 곱다. 분홍색 장밋빛을 더욱 빛나게 해주는 푸른 라벤다는 장미를 위한 아름다운 배경인가. 세기의 로맨스이자 더할 수 없는 비극의 무대를 장식하듯 벌과 나비들이 춤을 추고 있다. 어디선가 모차르트의 피아노 협주곡 20번, 2악장 로망스가 흐르는 듯하다. 마리의 영혼이 춤을 추며 고뇌와 슬픔으로 가득한 루돌프 황태자의 손을 잡고 이끈다. 더 높은 곳을 향하여… 그곳에는 어떤 자유와 정의가 존재할까.

『한국수필』 2018 10

모스크바행 비행기를 타다

아에로플로트, 러시아 항공으로 모스크바를 향해 떠난다. 예전에는 도저히 불가능했던 비행 항로이다. 이데올로기나 냉전시대라는 단어가 이미 오래전 역사 속으로 살아졌음에도 6.25를 경험한 세대인 탓인가 사뭇 긴장된다. 보세구역 안에서만 머물다가 베니스로 떠나는 비행기를 갈아타는 경유 비자일 뿐인데… 기간이 만료되어 갱신한 여권 첫 페이지에 마치 붉은 스탬프라도 찍힐 듯 염려하는 내게 여행 인솔자는 박장대소를 한다. "경유 비자는 머물렀다는 표시로 비행기 표에만 스탬프를 찍습니다. 여권은 건드리지 않으니 절대로 걱정하지 마십시오. 어르신!" 첫 만남부터 존티를 내는 늙은 이에게 보내는 눈초리가 곱지 않다.

노파심에 서둘러 출국수속을 끝내고 일단 탑승게이트까지도 확인했다. 시간이 여유로워지니 한가롭게 면세점도 기웃거린다. 대체 이런 물건들이 다 무슨 소용일까. 한때는 저런 값비싸고 빛나는 물건들이 무척이나 가지고도 싶었지만 이제는 그저 시큰둥하기만 하다. 몇 걸음 더 가니 우리의 전통 음식을 파는 곳이 있다. 앞으로 열흘 동안은 구경도 못할 떡을 파는 곳이 더 반가웠다. 아직은 이른 점심식사 대신 인절미 몇 조각이 더 구미에 당겼나 보다. 저가 항공을 이용하는 패키지 여행객답게 근검절약하자는 생각도 한몫을 했을 것이다. 그런데 도대체 이 많은 사람들이 다 어디로 간다는 말인가. 탑승구로 가는 길은 마치 신도림 전철 환승역처럼 붐비는 것 같다. 오르고 내리는 에스컬레이터가 초만원인데 외국인보다는 내국인이 압도적으로 많다. 발칸이나 스칸디나비아반도로 가는 여행객들 모두가 우리처럼 모스크바 공항을 경유해서 가는 것 같다. 엄청난 외화가 나라 밖으로 새어 나가는 현상에 한데 섞여 떠나는 발길이 가볍지만은 못하다.

드디어 비행기는 이륙하여 구름 위로 치솟는다. 작은 창문으로 들어오는 햇살은 눈부시다는 말 그대로이다. 인천을 떠난 비행기는 계속해서 서해 상공을 날아간다. 좌석마다 달려 있는 TV 화면을 리모컨으로 조정하여 비행항로를 따라가 본다. 대청도와 장산곶의 지명도 보인다. 강화도를 지나고 경기만을 따라 해를 바라보며 날아가는 비행기는 어느새 옹진반도를 멀리하여 서해바다 한가운데를 지난다. 지난가을 백령도로 일박 이일의 문학기행을 다녀오던 추억에 잠시 젖는다. 그 몇 해 전의 천안함 사태 그리고 우리가 영원히 잊을 수 없는 6.25라는 단어 앞에 생각이 멈춘다. 아직도 계속되는 분단국의 아픔이 지도 위에 머물러 있다. 바로 지금 비행항로에서도 알 수 있는 상황이지 않는가. 오늘날 지구상에는 모든 민주주의 국가들이 두루 왕래하고 있는데 아직도 자유롭게 갈 수 없는 곳이 있다니… 이렇게 하늘길마저 멀리 돌아가야 하는 현실이지 않는가.

맑고 푸른 하늘이 끝 간데없고 뭉게구름이 솜처럼 펼쳐져 있다. 어느 수필가님은 비행 중에 창밖을 보면서 '저 넓고 넓은 구름밭에 꽃도 나무도 심어 낙원을 이루고 싶다.'고 하였는데 나는 아무래도 문학적 상상력이 모자라나 보다. 갑자기 기체가 몹시 흔들린다. 기류의 이동이 순조롭지 못하니 좌석벨트를 매라는 스튜어디스의 다급한 안내방송이 반복된다. 일시에 조용해지는 기내 분위기가 심각하다. 불안해 하지 말자. 침착하자. 이제 난기류만 벗어나면 잠잠해질 것이다. 차라리 영화를 보든가, 음악을 듣든가 생각을 딴 데로 돌리자. 귀에 리시버를 꽂고 모니터를 몇 번 클릭하니 월광 소나타가 흐른다. 이 높은 하늘 위에서 베토벤의 음악을 듣다니… 황제가 따로 없는 듯하다. 어느새 비행기는 평형을 찾고 한 마리의 새처럼 유유히 날아간다. 기내식을 서비스하려다 중단했던 스튜어디스들이 다시 바빠지고 좁고 불편하지만 한 잔의 레드와인과 음악까지 곁들이니 더 이상 무슨 호사를 바라랴. 일체유심조라 했던가. 오로지 목적지까지의 안전한 비행을 위해 기도하는 마음으로 가자.

긴 여행의 첫날이어서 새벽부터 서둘렀던 탓인지 식사와 포도주 한 잔에 긴장이 풀렸나 보다. 후식으로 커피를 두 잔이나 청해서 마셨는데도 앉은 채로 깊이 잠이 들었다. 어디쯤 왔을까. 우랄산맥은 지났을 시간이다. 인간이 만들어낸 문명의 이기, 이 덩치 큰 새를 타고 하늘을 날 수 있는 사실이 새삼 대단히 여겨진다. 늙음의 한계일까 오히려 어린아이 같은 마음이 된다. 매사가 두렵고 어렵게 생각되는 것은 무지로 인한 공연한 걱정인지도 모르겠다. 철모르는 아이는 오히려 순수해서 그렇지 않을지도 모르는데 온 세상 걱정을 다 안은 듯 마음을 낮추게 된다. 육로로 광활한 시베리아를 횡단해서 아시아와 유럽의 경계인 우랄을 넘으려면 몇 날 며칠을 달려야할까. 빠른 것이 다 좋은 것은 아니겠지만 짧은 시간에 수백 명을 동시에 수송하는 교통수단이 놀랍기만 하다. 나날이 새로워지고 편리해지는 과학과 문명의 발달을 위해 부단히 노력하며 헌신하는 많은 사람들에게 외경의 마음이 들 뿐이다.

빨간 유니폼의 아에로플로트 스튜어디스는 긴 비행시간 내내 무뚝뚝해서 좀 섭섭하다. 세상 모든 것은 저마다의 값을 지녔거늘 저가 항공 여행의 비행기 안에서 대접이 좀 소홀한 들 어떠랴. 나는 오직 무엇인가 새로운 것 다른 것을 향하여 더 높이 더 멀리 보기 위해 떠나지 않았는가. 불편함도 익숙하지 않은 것도 새로움으로 보고 느끼고 배우자. 문득 어느 영화의 한 장면이 떠오른다. 제정 러시아 시대의 표드르 대제는 연회를 베풀어 프로이센 왕가의 카타리나 공주를 초대한다. 러시아의 차를 끓이는 주전자인 금빛도 현란한 사모바르를 가리키며 공주는 황제에게 러시아식 차 마시는 법을 아주 공손하게 묻는다. 표드르 황제는 공주의 태도를 보려고 일부러 짓궂은 모습으로 찻잔에서 입술을 떼지 않고 훌쩍이며 마신다. 미소를 지으며 응시하던 공주는 이어서 황제와 똑같이 훌쩍이며 흉내를 내는 모습이 잊히지 않는다. 그 이면에 내재된 당시 서구의 복잡한 정치적인 상황과 외교 문제를 차를 마시는 태도로 표현했던 두 사람의 인상적인 대화가 기억된다. "당신도 나처럼 그렇게 훌쩍이며 차를 마시느냐."고 냉소적으로 묻는 황제에게 그녀는 아주 상냥하게 웃으며 또박또박 대답한다. "네 저는 늘 무언가 새로운 것을 좋아한답니다. Ja, ich moechte immer etwas Neues."

이제 두 시간 후면 모스크바에 도착 예정이라는 방송이 나온다. 앉은 자리에서도 마음은 벌써 바빠진다. 앞으로 열흘간의 발칸반도

여행에서 나는 어떤 낯선 문명과 문화를 보고 듣고 느끼게 될까. 이끼 낀 역사의 뒤안길에서 어쩌면 긍정적인 것보다는 부정적인 것이 더 많이 보이게 될지도 모른다. 그러나 로마에 가면 로마사람이 되라는 서양 속담을 기억하며 내 좁은 사유의 경계를 가로지르는 새로운 것들에 적응해 보자. 프로이센의 공주 카타리나의 지혜롭고 의연한 매너처럼.

2015 에세이스트 연간집, 빈 하늘 그대로

신神들의 정원

오월이 오면 겨우내 꽁꽁 얼었던 빙산도 녹아내리기 시작한다. 하늘에 맞닿은 듯 험준한 산맥의 만년설 봉우리들이 얕아지고 해안의 절벽으로 빙하가 흘러내려 폭포수를 이룬다. 이곳은 북반구 위도 60도의 노르웨이, 게이랑게르 피오르드 만灣이다. 약 100만 년 전 해안선이 내륙으로 침식되어 생긴 협곡 피요르드, 수면에서 수직으로 솟아오른 듯 깎아지른 절벽이 병풍처럼 둘러쳐 있다. 수많은 협곡 중에도 가장 아름다워 세계문화유산으로 등재된 게이랑게르 피오르드, 빙하의 호수를 유람선은 유유히 떠간다. 기암절벽이 하도 높이 치솟아 입이 다물어지지 않는다. 두려울 정도로 괴이하고 숨이 멎을 듯 신비롭다.

절벽 아래로 빙하가 녹아내리는 폭포들은 가청음역 밖의 굉음을 이루어내며 장관을 이룬다. 여름철 하지를 전후해서 시작되는 백야에 절정을 이루다가 8월이면 어느새 폭포 줄기가 사뭇 가늘어진다고 한다. 태양이 지평선 아래로 내려가지 않아 밤이 낮처럼 환하고 무덥지만, 여름은 빨리 지나고 혹독하게 추운 계절이 오기 때문이다. 폭포에 눈부신 햇살이 비치고 쌍무지개가 뜬다. 빙하가 빚어내는 대자연의 비경을 이렇게 가까이 바라볼 수 있음에 전율한다. 어떤 고마운 인연으로 나는 이 아름다운 풍경 앞에 서 있을 수 있는가. 절대자의 손이 아니고는 불가능한 천혜의 자연환경 앞에 유구무언이다. 빙하가 녹아 이루어진 20만 개나 되는 호수를 끼고 바위산, 숲과 절벽의 폭포수로 이루어진 대자연의 서사시를 눈앞에 두고 있다. 그러나 이 무지하고 무능한 나는 귀먹은 벙어리가 되어 외경의 마음으로 떨고 있을 뿐이다.

산악열차 '플럼'을 탔을 때도 함께한 일행은 모두 한마음으로 우리를 지켜주는 신들에게 감사했다. 만년설봉 사이로 이끼 낀 푸른 바위산 절벽을 스치고 폭포수만큼이나 많은 터널을 지난다. 8백 미터가 넘는 높은 산맥의 중턱에서 저 아래 협곡을 차창으로 내다보며 아찔해서 숨죽이기도 했다. 환호와 탄성이 교차하는 속에 드디어 그 하이라이트, 효스 폭포에서 열차를 내린다. 거대한 댐이 무너진 듯 쏟아져 내리는 폭포의 한구석 숲에서 금발의 미녀가 나와 빨간 드레스 자락을 너울거리며 춤을 춘다. 관광객들을 위한 이벤트인 줄 알고 있으면서도 갑자기 나타난 요정의 춤사위에 넋을 잃는다. 인간으로서는 도저히 아우를 수 없는 방대한 규모의 절경 앞에 말을 잃는다. '신들의 정원', 아니면 더 무슨 표현이 가하랴.

가까이 다가갈 수도 없이 험하고 높은 준령에 쌓인 만년설처럼 쏟아지는 폭포들도 우리의 귀를 막고 입을 막으며 그저 바라만 보라 한다. 햇빛 따사로운 동안 잠시 길을 내어줄 뿐 더는 욕심을 내지 말라 하는 신의 계시와도 같다. 숲 사이에 새로 생긴 듯 계곡이 빠른 물살로 흘러내린다. 눈부시게 하얀 수피의 자작나무들이 무릎까지 잠겨 있는 모습이 안쓰럽기만 하다. 지구 온난화 현상으로 점점 얇아지는 두께의 빙하가 급히 녹아내리며 길을 잃었나 보다. 수정처럼 맑고 차가운 물은 낮은 지대를 향해 흘러서 평지에 이르고 산 그림자 가득히 들어있는 푸른 호수가 된다. 물 위에 반짝이는 윤슬은 또 얼마나 귀하고 아름다운 정경을 선사해주는가. 그 가장자리로 귀엽기 그지없는 물의 요정들이 모여서 해맑게 웃고 있다. 수련睡蓮이다. 이곳을 이룩하고 지켜주는 절대자, 신께 바치는 감사의 마음이리. 결코, 때 묻지 않는 연꽃의 신성함으로 받들어 올리는 공경이지 않은가.

아주 오래된 롬 스타브교회를 지났다. 12세기에 지어진 이 교회는 목재끼리 짜 맞추는 스칸디나비아 전통방식으로 축조되고 아직도 그렇게 보수되어 원형을 보존하고 있다 한다. 민속신앙의 접합인 듯 지붕의 모서리마다 용머리 모양이 장식되어 이채로웠다. 설산과 협곡을 가로지르며 살아온 그들, 신산한 삶을 의탁할 수호신이 용머리뿐이었으랴. 산도 호수도 절벽을 이루는 바위도 그들에겐 모두 숭배의 대상이었으리. 살아남기 위해 종족을 퍼뜨리기 위해 자신보다 강한 것 모두에게 무릎을 꿇었을 것이다. 무리를 키워가며 생존하기 위해 약탈을 일삼으며 험한 바다를 개척해 나아간 바이킹의 삶을 후손들은 결코 잊지 않았다. 선조들의 용맹과 강인함을 이어받아 오늘날의 부강한 나라를 이룩한 그들은 여전히 근검하고 겸손하며 이웃을 사랑한다. 신은 스스로 노력하는 자를 돕는다 했던가. 빙하처럼 엄청난 매장량의 석유 수출을 꿈이나 꾸었을까. 오직 하나의 십자가를 받드는 유일신으로는 모자랐을 그들의 기도를 용의 머리마다 그려본다. 양지바른 마당에는 오래된 묘지들이 가득하다. 해득할 수 없는 묘비명을 짐작해보며 잠시 눈을 감는다. 대대로 이곳을 지켜온 분들로 말미암아 나도 여기 잠시나마 서 있을 수 있겠기에.

긴 하루 여정을 마치고 나지막하게 자리한 마을로 내려왔다. 아득히 멀리 보이는 설산을 낮은 몸 겸허한 마음으로 올려다본다. 지친 나그네가 편안히 묵을 수 있는 작은 호텔과 식당, 기념품 가게 몇이 오밀조밀 모여 있는 산자락의 한가한 마을, 이제야 평화와 안식을 찾는가 보다. 그런데 산 밑에 웬 바다 갈매기 울음일까. 갈매기 소리를 따라 냇가로 갔다. 바닷가 모래사장에나 피는 해당화가 냇가에 가득히 피어 있다. 아, 이 냇물은 바다. 갈매기와 해당화가 어우러진 냇물은 바로 게이랑게르 피오르드의 시작이자 끝이었다. 빙하는 녹아내리고 바닷물은 협곡을 따라 들어와서 이곳에서 만났으리. 우주의 섭리, 신의 도움이 아니고는 불가능한 만남이 아닌가. 멀리 빙하의 산정엔 아직도 해가 지지 않았다. 밤이 이슥한데 긴긴 백야를 하얀 갈매기의 울음과 벗해야 하나 보다. 나는 신들의 정원을 잠시 기웃거린 낯선 이방인에 틀림이 없으리니.

"위대한 신들이여. 이 아름다운 산하, '신神들의 정원'을 오래도록 지켜주소서."

『한국수필』 2016 9

풍경이 있는 창

며칠을 달렸던가. 이제 조금씩 멀미가 생기는 듯하다. 육해공의 가능한 교통수단은 다 이용하며 벌써 엿새째 일정이다. 노르웨이 피오르드의 장관을 돌아보고 오슬로 시내의 칼 요한 거리와 왕궁, 해마다 노벨평화상 수상자 축하연이 열린다는 시청사를 둘러보고 다음 행선지인 덴마크로 향했다. 벽 하나 가득한 노르웨이의 대표적인 화가 뭉크의 작품들에 더 머물고 싶었지만 가이드의 일정이 빡빡하기만 하다. 지도상의 위치를 어림잡아 보아도 이렇게 묻혀 오지 않고 혼자서는 엄두도 못 낼 대장정이다.

해 질 무렵 오슬로항구를 떠난 크루즈선은 밤새도록 발틱 해를 저어 남쪽으로 간다. 먹고 마시고 춤추고 카지노나 면세점을 기웃거리며 즐겁게 여행을 하는 사람도 있겠지만, 나처럼 초저녁에 멀미약을 먹고 잠이 들어 동이 틀 무렵에야 일어난 사람도 있을 것이다. 그만큼 별난 세상 구경을 못했다고 일행들이 웃으며 핀잔을 주었지만 그런 장면들은 영화에서도 많이 보았으니 별일이 아니다. 드디어 유트란드 반도의 덴마크에 도착했다. 유명세에 비해선 너무 초라한 인어공주 동상 앞에서 그리고 그 동화작품의 작자인 안데르센의 동상 앞에서의 인증 샷 후에 또 허겁지겁 버스에 오른다. 여느 나라처럼 왕궁이 있는 광장과 의회 건물 앞, 유서 깊은 교회 등지에서 몇 장의 사진을 찍고는 또 짐짝처럼 버스에 실려서 달린다. 복지 천국인 이 나라의 사회보장제도에 대해 현지 가이드는 입에 침이 마르도록 칭찬을 한다. 부럽지만 남의 떡이니 시큰둥하다. 밤낮으로 나라를 바꿔가며 국경을 통과하는 이 바쁜 여행에서 대체 나는 무엇을 보았을까 느꼈을까 그리고 배웠을까.

도무지 앞뒤 정리가 안 된다. 이 도시가 그 도시 같고 이 나라가 저 나라 같다. 그래도 한창 젊을 때 인접 국가인 서유럽 독일에서 근 십 년을 살면서 보고 들은 풍월이 어느 정도는 있었음에도 난감하다. 이렇게 강행군으로 오직 앞으로의 행진을 하리라고는 상상도 못 했다. 탐험가가 아닌 이상 여행이란 원래 번잡한 일상에서의 탈출이며 자유로움이자 휴식이라고 그 의미를 표현할 수 있겠다. 지금 우리가 돌고 있는 궤도는 여행이 아니라 전장으로 나가는 병사들의 행진이라고나 할까. 아니면 노마드, 유목민의 끝없는 행렬과도 같다. 이동하는 자만이 살아남는다던가. 그러나 단순한 공간적 이동만이 아닐진대 이 와중에서 나는 어떤 삶의 가치와 보다 의미 있는 새로운 자아를 찾을 수 있게 될까. 이 여행을 마칠 때 나는 어떤 사유와 창조의 결과물을 안을 수 있을까.

다시 밤배를 타고 스칸디나비아 반도의 스웨덴으로 건너왔다. 차창 밖으로는 여전히 북구의 상징인 자작나무와 전나무 숲이 끝도 없이 이어진다. 이만하면 나의 두 눈동자도 조금은 초록빛으로 물들지 않았을까. 가도 가도 끝이 없을 듯싶다가 나타난 평원은 호밀밭이거나 유채꽃이 한창이다. 어느새 건초더미까지 단단히 묶어 하얀 비닐로 싸맨 초지도 있어 우리나라의 가을걷이가 끝난 들녘 같다. 겨울이 긴 만큼 짧은 여름 동안 부지런히 거두어 추운 겨울에 대비해야 하리. 그런데 어느 구석에도 허리 굽혀 일하는 농부 하나 없는 것이 궁금할 뿐이다. 초원의 끝에 자리한 평화로운 마을에는 한가로이 풀을 뜯는 말과 얼룩소가 선진국의 낙농과 목축업을 자랑이라도 하는 듯 꼬리를 젓는다. 얼룩소가 일을 했나 말이 이삭을 거뒀나. 기계를 다루는 농부라도 한 사람 보았으면 좋겠다며 모두 창밖을 부러운 눈으로 내다본다.

넓은 국토에 상대적으로 적은 인구, 그 중에도 농업이나 목축 낙농에 종사하는 사람은 극소수일 것이다. 그 적은 숫자의 사람들이 북극권의 귀한 햇빛으로 짓는 농사를 위해서는 국가적 차원으로 지원되는 최신식 농법이 있으리라. 씨뿌리기부터 비료나 농약은 공중 살포를 하고 수확은 대형 컴바인이 이삭을 베고 낱알을 훑으며 사람을 대신해서 일해 줄 것이다. 마냥 부러운 눈으로 창밖을 바라본다. 끝없이 이어지는 자작나무숲의 아름다움에도 질리게 되니 좋은 것에도 정도가 있나 보다. 천혜의 아름다운 환경과 풍요로운 복지 천국에 살아도 이곳 사람들의 행복지수가 낮은 것과도 상관 관계가 있을까. 정부의 하는 일은 오로지 사랑하는 국민의 행복한 삶에 관한 연구라는 가이드의 설명에 모두 웃는다. 어떻게 해석해야 할까. 이런 최상의 조건에서도 이 나라에 우울증 환자가 많고 혼자 사는 사람, 동성애자, 이혼율까지 높은 까닭이 무엇일까. 물질적 풍요와는 반대로 지구상에서 최고를 자랑하는 방글라데시 국민의 행복지수로 설명이 될까.

햇빛이다. 사랑이다. 짧은 여름에 비해 긴 겨울 동안 햇빛이 모자라는 탓이다. 해만 반짝이면 훌렁 벗고 공원의 잔디밭이나 호숫가에서 일광욕을 즐기는 이곳 사람들을 이해하게 된다. 많은 사람은 오직 휴가를 위해 사는 듯, 한 해 동안 열심히 저축하여 먼 남쪽 태양의 나라를 찾아간다. 이탈리아나 스페인으로 휴가를 떠나는 중요한 이유이다. 그곳 지중해 연안에는 늘 태양이 빛나고 따뜻하며 부드러운 기류는 사람의 마음을 부드럽게 감싸주고 편안하게 만들어주기 때문이다. 그곳 사람들의 낙천성이 하루아침에 길든 것이 아니듯이 이곳 사람들도 햇빛이 모자라는 기후 풍토에 적응하다 보니 저절로 얼굴마저 어두워지고 사색적이며 심지어는 우울증까지도 겪게 되는 것이다. 좋은 것과 나쁜 것, 아름다운 것과 추한 것 그 모두가 생각하기 나름이다. 우리가 전장의 병사처럼 이동하듯 그들도 집채만한 카라반을 끌고 역시 노마드의 길을 가는 것이다. 사막의 오아시스를 찾아가듯이 신기루를 향해 우리는 모두 움직여 이동하는 것이 아닐까.

남의 잔디가 더 푸르게 보이고 남의 떡이 늘 커 보인다지만 세상에 내 것만 하랴. 두고 온 내 집이 오늘따라 무척 그립다. 햇빛 쏟아지는 광화문 네거리, 사람들로 가득한 종로 인사동도 걷고 싶고 네 개의 전철이 환승 되는 우리 동네 공덕역의 분주함 속으로 어서 돌아가고 싶다. 웅장한 대리석 건축물의 화려함이나 먹고 먹히며 싸워온 서구의 역사와 예술 그 뒤안길을 이렇게 거죽만 보고 어떻게 알랴. 먼 극동에서 온 나그네에게 무슨 또 다른 길이 있으리. 동서고금을 막론하고 여행길은 고생을 동반함을 느끼며 오직 마몬이즘이 지배하는 고된 하루를 접는다. 다행히 오늘 묵는 호텔의 방은 작지만 하얀 시트가 깨끗하고 편안하다. 그것이 감사할 뿐 아직도 대낮같이 환한 백야의 꿈길을 찾아간다.

『문파문학』 2016 겨울

그리그의 생가를 찾아가다

산악열차 플람을 타고 만년설이 쌓인 산맥의 중턱까지 올라갔다. 빙하가 녹아내리는 폭포들을 바라보며 돌아 내려온 길은 송네 피요르드로 이어진다. 무려 204km에 달하는 협곡이다. 침식된 해안선을 따라 유입된 바닷물과 빙하가 흘러내려 이루어진 호수는 바다처럼 넓다. 산이 높으면 골도 깊다고 했던가. 고산준령과 피오르드로 이루어진 이 험준한 자연환경에 순응하며 살아온 이곳 사람들이 참으로 위대해 보인다. 춥고 긴 겨울을 이겨내야 짧은 여름 동안의 햇빛을 마치 신의 은총처럼 감사하는 삶이 아닌가.

산맥을 가로지르는 장장 24,5km에 달하는 라르달 터널을 통과했다. 안전운행을 위한 특별한 설계와 시공은 물론, 긴 터널의 지루함을 느끼지 않도록 7km마다 설치된 조명장치 또한 장관이었다. 터널을 빠져나오니 온통 초록빛으로 딴 세상이다. 자작나무 푸른 숲과 맑은 호수가 이어진다. 호수에도 산 그림자가 들어있고 푸른 하늘과 뭉게구름도 가득하다. 거울 같은 수면은 어디가 산인지 어디가 물인지 구분이 되지 않는다. 깊은 호수처럼 가라앉는 우리 마음을 가이드가 읽은 듯 차 안에 '솔베지의 노래'가 가득해진다. 그리그가 태어난 베르겐을 향해 달려가는 길이다. 그리그 음악의 모태인 노르웨이의 대자연을 보면서 그의 음악과 삶의 자취를 만나기 위해서.

차를 내려 진초록의 어두운 숲길을 한참이나 걸어 들어간다. 트롤하우젠으로 들어가는 마음이 사뭇 두근거린다. 사랑하던 아내 니나와 함께 이룩한 빅토리아풍의 저택을 중심으로 기념관, 연주회장, 작품을 쓰던 그만의 오두막, 정원, 부부의 영원한 안식처가 있는 트롤하우젠[동화의 언덕]에 드디어 도착했다. 그리그는 어머니로부터 피아노 교육을 받은 다음 15세에 독일 라이프치히 음악원에 입학해서 4년간 본격적인 음악수업을 받았다. 멘델스존이나 슈만 등 독일낭만파의 영향을 받았지만, 노르웨이의 전래민요와 민속춤곡의 요소들은 그의 예술적 뿌리였고 기둥이었다. 조국의 국민음악을 집대성한 그의 애국심은 누구도 흔들지 못했다. 기념관을 들어서자 154cm밖에 안 되는 작은 체구, 예지가 번뜩이면서도 따뜻한 눈동자로 우리를 반긴다. 그의 악보들, 필기구, 연주했던 바이올린, 사랑했던 아내 니

나와 함께한 시간이 멈추어 있는 사진들에서 발길을 떼어놓기가 마냥 아쉽다. 기념관 내에 있는 작은 음악 감상실에서 「솔베이지의 노래」를 들으며 감회가 깊어진다.

그리그의 생가는 오랜 세월이 흘렀음에도 그의 삶이 가깝게 느껴지는 공간이었다. 독일을 비롯한 서구의 유명 음악가들과의 교류를 말하는 빛바랜 사진들에서도 많은 것을 읽어낼 수 있었다. 노르웨이의 대문호 입센의 희곡은 그리그를 통해 『페르귄트 모음곡』으로 다시 태어나고 그들의 문학과 음악의 만남은 노르웨이의 문화예술사를 빛나게 했다. 민간설화를 소재로 한 입센의 작품 속 주인공 페르귄트는 망상가이자 방탕한 생활을 일삼는다. 부와 모험을 찾아 세상을 떠돌다 결국은 모든 것을 탕진한 후 고향으로 돌아와서 산속 오두막에서 오로지 그만을 사랑하며 평생을 기다리던 솔베이지의 품에 안겨 세상을 뜬다는 줄거리이다. 애초에 그리그는 입센의 작품이 자신의 음악적 서정성과 맞을 수 없다면서 작곡 청탁을 수차례 거절했다. 하지만 그는 누구보다 아름답고도 슬프게 북구의 서정을 그려내었다. 응접실의 빛나는 샹들리에처럼 지난날 이곳에 가득하던 문학과 음악 이야기들이 아직도 영롱하게 반짝이는 듯하다. 거실 식당 서재의 곳곳에 오래된 가구들과 그림들에 취해 있다가 밖으로 나서니 베르겐 호수가 바다처럼 넓게 눈앞에 펼쳐진다.

그의 음악적 영감의 원천이다. 그가 늘 이야기한 '자연은 항상 위대한 영감의 원천이다.'라는 유명한 말을 깊이 생각하며 모두 말없이 베르겐 호수를 바라본다.

베르겐에서 나고 성장하여 일생을 살다가 고향에서 생을 마감한 사람, 어쩌면 그만큼 행복한 사람도 드물 것 같다. 어린 시절은 어머니가 그의 음악적 환경을 키워주었고 성장해서는 부인 니나가 전 생애를 통해 음악적 반려자가 되어주었다. 사촌 누이와의 결혼이 쉽지 않았지만 그들의 사랑은 견고했다. 소프라노 가수인 아내 니나를 통하여 그의 가곡은 더더욱 널리 보급되었고 둘의 행복한 생활은 유럽의 많은 음악가와의 교류에도 큰 역할을 했다. 그의 사후 남편의 뜻을 받들어 베르겐 호수가 내려다보이는 암반에 유골을 묻고 이십 년이 넘도록 그리워하다가 두 사람은 이제 동화의 언덕 트롤하우젠에 나란히 누워 있다. 경사진 계단을 한참 내려가니 인형의 집처럼 꾸며진 작은 오두막이 정갈하게 꾸며져 있다. 유리창 밖 호수를 가슴 하나 가득 안고 악상을 다듬던 그리그의 모습이 눈에 어린다. 오래된 작은 피아노와 책상, 비스듬히 기대어 쉴 수 있는 낡은 소파까지 세월의 때가 묻어 보였다. 언제나 미소를 머금고 그의 그림자처럼 따르고 있었을 니나도 유리창에 어려 보인다.

오두막에서 다시 언덕으로 올라오는 길 오른쪽으로는 특별한 음악당이 있다. 그랜드 피아노가 한가운데 서 있는 무대의 벽이 유리창이어서 호수에 피아노가 떠 있는 듯하다. 세상에서 가장 아름다운 연주회장이라고 한다. 입장도 못 한 아쉬움에 자꾸만 뒤돌아볼 뿐이다. 한 소절의 음악이라도 들려올까 숨을 죽이며 계단을 다 올라와서 크게 심호흡을 한다. 언덕 위에 서서 드넓은 베르겐 호수를 바라본다. 어디선가 들려오는 듯하다. '그 겨울이 지나고 봄철이 오면' 페르귄트의 솔베이지의 노래가 아니라 니나의 흐느낌이며 그리그를 부르는 사랑의 연가와도 같은 슬픈 멜로디가.

먼 산은 아직도 빛나는 만년설을 머리에 이고 있고 빙하의 호수는 바다처럼 넓고 깊다. 어쩌면 그도 이 위대한 대자연을 오선지에 모두 다 옮겨 적을 수는 없었을 것이다. 이승을 떠나서도 베르겐 호수를 바라볼 수 있는 이곳에 잠들고 싶었던 까닭이 바로 그 마음이지 싶다. 보고 또 보아도 그리운 저 광대무변한 산과 호수, 빙하와 폭포를 그는 영원히 떠나고 싶지 않았을 것이다.

『푸른솔문학』 2016 겨울

훗멀미

여행에서 돌아온 지 일주일이 지났는데 아직도 울렁증이 남아 있다. 거실에 앉아 있으면 발트해를 저어가며 흔들리는 배에 타고 있는 느낌이다. 일어서면 몸의 중심을 잡을 수 없고 속이 자꾸만 메스꺼워지니 이것 참 야단이다.

애초에 무리한 여정이란 생각은 들었다. 10박 12일의 일정에 7개국을 돌아본다는 일정표는 손오공이나 할 일이었다. 비행기로 기차로 버스로 크루즈로 온갖 교통수단을 동원한 여행 일정에 솔직히 겁이 났다. 젊은 나이도 아니고 몇 번 패키지여행이란 것을 해보았지만 이번 여행은 단연코 무리였다. 먼 길 떠나기 전엔 늘 부재중에 대비해야 할 일도 많은 법, 한 보름 집을 비우게 되니 여행 전날까지도 무척 바빴다. 떠나기 전날 밤에서야 여행사에서 보내준 일정표대로 짐을 싸고 이튿날 인천행 공항선 전철에 올랐다. 하도 여러 나라를 왔다 갔다 하며 이어지는 일정을 감당할 수 있을까 계속해서 걱정되었지만 해외여행이 처음도 아니니 견뎌보자는 오기로 서둘러 출국절차를 마쳤다. 모스크바까지 10시간 가까이 가는 긴 비행시간은 독서와 음악 사이로 수면까지 조정할 수 있어서 바쁜 일상에서 잠시 탈출한다는 해방감마저 느껴 다행이었다.

그 유명한 노래 「백야」는 가슴 저리는 멜로디였을 뿐 모스크바 도착 첫날의 하얀 밤은 시차 적응을 완전히 뒤엉키게 하였다. 뜬눈으로 지새운 아침, 이름뿐인 호텔 뷔페식사 후 트렁크를 들고 내려간 로비는 발 디딜 틈이 없이 초만원이었다. 여기가 러시아인가 한국인가. 떠나온 인천공항보다 더 북새통이다. 대체 몇 그룹이나 되는지 여기저기서 여행 인솔자들의 외침이 소란하다. 금발의 종업원들이 프런트에서 넋을 잃고 우리를 구경하고 있다. 이곳이 러시아임을 알려주는 유일한 표징인 듯했다. 가까스로 우리 팀도 인솔자의 깃발을 따라 나와 호텔 밖에 대기하고 있는 버스에 짐을 실었다. 짐을 실은 채로 인구 1천2백만의 유럽 최대의 도시 모스크바를 오늘 하루에 관광한단다. 주마간산으로 돌아보는 여정이야 짐작은 했지만 크렘린궁과 국영 굼 백화점, 바실리 사원에서의 인증 샷 몇 장을 찍기 위해 우리는 뙤약볕 아래 얼마 동안 줄서기를 했던가. 스탈린식의 건축물이라는 저 유명한 모스크바대학의 외관은 멀리서만 바라보았다. 돌아올 길을 어림해보니 숨이 차서 차라리 일찍 버스에 올라 좌정하는 것이 나았다.

저녁 무렵 모스크바에서 기차를 타고 상트페테르부르크까지 가는 길이다. 비행기를 타고 가는 좀 느슨한 프로그램이 있었으나 취소되어 오히려 잘되었다고도 했다. 자작나무 숲길을 바라보며 다섯 시간이나 기차를 타며 간다는 그 한 여정에 매료되었다고나 할까. 무덥고 허술한 역사에서 두어 시간을 기다리다 오른 기차의 좌석은 그나마 역방향, 이번 여행을 암시하는 듯했다. 언젠가 통일이 되면 경의선으로 신의주까지 달려서 시베리아 횡단 열차를 갈아타고 상트페테르부르크까지 가려던 꿈의 한 토막이 무너지는 순간이다. 그래도 시작이나마 바로 하자며 식당차로 가서 순방향의 좌석을 차지했다. 적어도 그곳엔 금빛은 아니어도 사모바르에서 따라주는 우아한 러시아식 차라도 대접받을 것 같았다. 그것도 아니었다. 분위기 없는 캔 맥주를 마시는 옆 사람들에게 보란 듯이 주문한 와인은 종이컵으로 서빙되는 데 더 할 말이 무엇이랴. 창밖으로 눈을 돌린다. 철길 양옆으로 이어지는 자작나무 숲. 자작자작 타들어 가는 은사시나무를 생각하며 바라보고 또 바라본다. 나는 아직도 허황한 제정러시아 말기의 꿈속에 있었나 보다. 마지막 황녀 아나스타시아라도 되는 착각으로.

밤 열두 시에 도착한 어두운 페테스부르크. 플랫홈에서 출구까지 엄청나게 먼 길을 트렁크를 밀고 간다. 드르륵 드르르륵 몇 백명이 밀고 가는 트렁크의 바퀴 소리가 말발굽 같기도 하고 전차 소리로 들리기도 한다. 이 한밤중에 우리는 어디에 왔는가. 또 어디로 끌려가는가. 문득 아우스슈비츠로 가는 열차를 타러 가는 유대인들의 모습이 떠오른다. 보도블록이 고르지 않아 돌부리에 트렁크가 쓰러지고 나는 무리에서 낙오된다. 깃발이 보이지 않는다. 아무도 돌아보지 않고 앞으로만 간다. 천신만고 끝에 한밤중의 페테스부르크의 역사를 나선다. 단체 여행객을 위한 허름한 숙소에 도착하여 눅눅한 공기를 열어젖히며 밤을 맞이한다. 아 이곳이었던가. 그토록 오고 싶었던 곳이… 표드르 대제의 서유럽의 문명과 문화를 향한 집요한 꿈으로 시작되어 예카테리나 황제에 이르러 찬란히 꽃피운 북구의 베니스. 문학과 역사와 예술이 숨 쉬는 수많은 섬으로 이루어진 인공의 도시이다. 운하로 이어지는 길, 금빛의 성당 첨탑들은 어디에 있을까. 도스토엡스키의 『죄와 벌』이 살아있고 투르게네프와 푸시킨의 이야기들이 수런거리며 희미한 가로등을 밝히는 듯하다. 어디선가 차이콥스키의 「백조」가 울려올 듯하여 검은 밤을 마냥 내다보았다.

이튿날 신새벽에 야전군처럼 버스에서 도시락을 먹으며 그곳을 떠났다. 스칸디나비아반도를 휘돌고 발트해를 건너 덴마크왕국까지 보따리처럼 실려서 다녀왔다. 끝날 서울행 비행기를 타러 되돌아온 상트페테르부르크의 한나절은 숨이 가빴다. 소나기에 천둥과 번개까지 연출해 보여주는 이 장엄한 도시 어느 구석에 내가 그토록 가보고 싶었던 마린스키극장은 깊게 숨어 있었을까. 이 나라 저 나라를 장님 코끼리 다리 만지듯 여권에 출입국사증 도장만 늘려서 돌아온 이번 여행은 멀미로 가득하여 참으로 허망하고 어지럽기만 하다. 불현듯 드럼세탁기 통에 나를 넣고 몇 번 돌리면 멀미도 울렁증도 멈추어질 수 있겠다는 생각을 하며 쓰게 웃어본다. 이제는 아닌가 보다. 찬바람 불고 하늘 높아지면 오곡백과 무르익는 내 고장 유람이나 하리. 이제 먼 길은 가려서 떠나야겠나 보다.

『수필미학』 2016 가을

5

잃어버린 봄

꽃샘추위라 그럴 게다. 좀 견디면 봄이 오려니 기다리자 했다. 봄바람은 님 죽은 바람이라던데 그렇게 무서운 줄은 몰랐다. 옷깃을 젖히며 품속으로 파고든다고 했다. 살을 에는 냉기는 고뿔이 되어 신열이 불덩이다. 온 지구가 몸살이다. '내 손톱 밑의 가시가 남의 염병만 하랴?' 하시던 옛날 어른 말씀처럼 강 건너 불처럼 바라보던 우한 폐렴이 이제 지구촌의 모든 인류가 겪는 아픔이 되었다. 내 발등에 불이 떨어진 뒤에야 뜨거운 아픔을 외친다.

이기고 지는 것은 다음다음 문제다

'Samstag ohne Bundesliga ist Kaffe ohne Sahne'

유학생활 초반이니 삼십 년도 넘나 보다. 아침마다 학교로 가는 버스를 기다리며 외웠던 독일어 문장이다. '축구시합이 없는 토요일은 휘핑크림이 없는 커피'라고 직역은 곧 되었지만, 온전히 그 뜻을 이해하기까지는 참으로 오랜 시간이 걸렸다. 결코 어렵지 않은 단어 몇 개의 나열, 굵은 글씨의 광고 문구는 6차선대로 건너편 담벼락에 가득히 채워져 있었다. 검정과 빨강과 골드가 배합된 독일 국기의 이미지 속에 들어 있던 그 독특한 광고카피는 아직도 생생하게 기억된다. 맛없이 쓴 커피에 비유한 축구시합이 없는 토요일. 무료하고 재미없는 주말. 그 행간의 의미를 깨닫기까지 나는 얼마나 오랫동안 그 광고를 바라보았던가. 놓쳐 버린 버스를 기다리며 바라다본 담벼락의 광고 문구는 바로 독일인들의 삶이자 문화였다.

삼복더위, 열대야가 계속되는 한여름 밤의 열기는 삼바의 나라 브라질에서 중계되는 올림픽 축구경기로 더욱 불가마가 된다. 독일과의 게임이 시작되는 새벽 세 시, 알람까지 켜 놓았지만 연일 계속되는 찜통더위에 겨우 잠이 든 눈은 잘 떠지지 않았다. '어떻게 우리가 독일을 이겨, 속상하지 말고 잠이나 자자'하다가 '아니지 그래도 이 한 사람의 응원이라도 보태야 하는데' 갈등하는 순간 "와아"하는 함성이 울린다. "뭐야, 한 골 넣었잖아?" 정신이 확 든다. 온 아파트 단지가 잠 못 이루며 독일과의 올림픽 축구경기 예선전으로 밤을 새우는데 나만 잠이 들었나 보다. 특별한 운동경기라도 열리면 우리 아파트 단지 사람들은 중계방송을 시청하며 열광하기를 잘한다. 시끄러워도 모두 동시에 소리를 지르니 아무도 탓할 수 없고 오히려 이 신나는 밤에 잠을 자는 사람이 이상하다. 사람 살아가는 맛이 남아있는 우리 동네가 그래서 참 좋다. 리우 삼바의 열기가 그대로 전파를 타고 오는 듯 열대야 한밤중에 후끈하게 달구어진 함성. 놀랍다. 서둘러 TV를 켠다.

아, 우리의 태극전사들, 붉은 유니폼의 태극전사들이 전차군단이라는 독일 팀을 제치고 환호한다. 잘츠부르크팀 소속의 황희찬 선수의 골이었다. 독일의 구겨진 자존심은 짐승처럼 으르렁거리며 종횡무진 뛴다. 골문을 거푸 두드려 대기 9분 만에 결국 동점 골을 넣는다. 숨 막히는 접전 끝에 후반전 10분에 독일 팀에게 역전 골을 내주는 우리 팀, 탄식과 주먹다짐에 온 동네가 쥐 죽은 듯 조용하다. 그러나 붉은 악마여 그대 대한의 건아들이여, 더욱 힘내서 뛰어라. 주문을 외기도 전에 또 함성, 불과 2분 사이에 반전의 역전 골이다. 독일의 분데스리가를 평정한 손흥민 선수, 역시 이번 게임에도 장한 해결사다. 비록 지금 토트넘 잉글랜드 프로축구팀에 소속되어 있지만, 그대는 대한민국의 아들이니라. 우리 올림픽팀으로 경기 시작 겨우 사흘 전에 합류했지만, 염려와는 달리 형제들의 투혼으로 함께 뛰었다. 대한민국의 씩씩한 아들 모든 선수여, 고맙고 또 고맙다.

그 옛날 서독의 유명한 분데스리가 레버쿠젠에서 차범근 선수가 외롭게 혼자 뛰던 때가 아니니라. 대한민국이 얼마나 커졌는지 대한민국 축구가 어떻게 발전되었는지 보여 주거라. 손에 땀을 쥐게 하던 반시간이 흘렀다. 드디어 때가 왔다. 조바심하며 시계만 보던 후반전 41분 마침내 석현준 선수의 강력한 슛 한 방으로 그라운드는 승리의 도가니가 된다. 아 그러나 아직 남아있는 4분은 긴 시간이었다. 독일 전차군단이 어떤 팀이던가. 자국의 전차 군대를 응원하는 마음이, 독일 국민의 염원이 우리의 열정만 못했을까. 우리처럼 환호하며 온 아파트 단지와 시내 거리가 소란하지 않을 뿐이다.

늙은 할아버지 축구 팬도 마음은 청춘이어서 축구 경기 시청 중에 심장마비를 일으키는 경우가 이따금 뉴스에도 실리곤 했던 축구 열광의 나라가 아닌가. 드디어 경기 종료 1분 전, 독일 팀은 금쪽같은 골을 넣었다. 끝없는 시소게임은 결국 3:3 동점으로 끝났다. 우리가 독일을 이기지는 못했지만 우리는 독일에 지지도 않았다. 그만큼 우리의 축구는 그 힘을 유감없이 보여준 것이다. 희비의 쌍곡선을 그리며 무승부의 결과를 보여주었지만 모두 다 장한 대한민국의 아들이다. 함께 충분히 훈련할 시간이 없었음에도 형제애로 팀원 모두 하나 되어 공동의 목표를 향해 뛰었던 젊음의 패기와 집념에 찬사를 보낸다.

그때, 2002년 월드컵 경기, 생각만 해도 가슴이 울렁거리던 그 6월의 날들이 떠오른다. 머리에서 피가 흘러내리는데도 붕대를 매고 혼신을 다해 뛰던 황선홍을 비롯해 홈그라운드를 힘껏 뛰며 선전했던 선수들, 홍명보 박지성만이 아니었다. 이제 내 나이 칠순 할머니가 선수들 이름을 다 외우지는 못해도 목청껏 외치던 "대한민국 짝짝짝 짝짝"은 언제라도 다시 외칠 수 있을 것이다. "오 필승 코리아"를 노래하며 세계인들 모두가 환호하며 그 힘찬 구호를 따라 하며 기뻐하지 않았던가. 광화문에서 태평로 서울 광장을 가득 메우고 남대문까지 이어지던 붉은 티셔츠의 물결은 우리 국민의 하나

된 마음이었다. 4강의 신화가 이루어지던 날 광화문에서 TV 인터뷰에 응한 어느 독일인의 말은 무척 인상적이었다. "저 환호하는 인파는 용광로에서 쏟아져 나오는 쇳물 같다"고. 정말 놀라운 힘이라면서 발전한 우리 조국처럼 훌륭한 축구 실력까지 칭찬하며 힘주어 말하던 감동적인 모습이 어제만 같다. 세계인을 감동시키는 그런 힘이 우리 안에 내재되어 있어 언제고 분출되는 것이 아닐까.

근대 올림픽의 창시자 쿠베르탕 남작이 말한 올림픽 강령처럼 올림픽 대회의 의의는 승리에 있는 것이 아니라 참가에 있으며 성공보다는 노력하는 데 있는 것이다. 금, 은, 동 메달을 획득하는 것이 그 목적이 아니고 스포츠를 통한 인간의 완성과 경기를 통한 국제 평화의 증진에 있고 인류의 평화와 번영과 행복이 기본이 되는 함께 참여하는 데에 더 큰 뜻을 두는 것이다. 몇 십 년 전 머나먼 독일에서 그곳 사람들의 축구에 관한 열정을 바라보며 유별나게 여겼던 시절이 어제만 같다. 이제 우리 국민의 스포츠를 향한 열정은 독일인들보다 몇 갑절 크다. 2002년 상암 월드컵경기장에 울려 퍼지던 함성이 아직도 귀에 쟁쟁하다. 그해 유월 우리는 얼마나 기쁘고 자랑스러웠던가. 한가한 주말에 무료함을 달래는 축구 경기관람 수준이 아니었다. 그 유월 용광로의 쇳물처럼 달아오른 온 국민이 하나 된 뜨거운 응원의 힘이 새삼 그립다. 전차군단이라는 별명의 독일과 3:3 동점으로 비겼다. 이기지는 못했지만 결코 지지 않고 어깨를 나란히 할 수 있었다. 그만하면 훌륭하다. 젊은 그대들 멋진 청춘이다.

아, 대한민국 파이팅! 우리 모두 세계인과 한마음 되어 축제를 즐기자. 이기고 지는 것은 다음다음의 문제가 아닌가.

에세이스트 연간대표 수필집 2016

우리의 사랑 김연아, 아디오스

봄바람에 나부끼는 꽃잎 같고 한 마리의 노랑나비 같던 연아. 밤마다 애태우며 잠 못 이루게 하던 우리의 공주님, 이제 정녕 '아디오스'를 부르며 무대를 떠나는군요. 은반의 요정으로 이 땅에 태어난 당신 김연아, 세상에 어느 누가 피겨 스케이팅의 기교와 아름다움을 당신만큼 우아하고 세련되게 표현할 수 있을까요. 보고 또 보아도 그럴수록 어여쁜 우리의 사랑 연아, 정말 아름답고 훌륭했어요. 이제 당신은 우리의 진정한 여왕이 되었습니다. 마지막 순간까지 절제와 품위를 잃지 않은 당신의 모습에 온 마음을 다해 향기로운 화관을 머리에 얹어 드립니다.

가슴속까지 파고드는 멜로디 「어릿광대를 보내주오」에 맞추어 금빛 나래를 팔랑이며 춤을 출 때 온 세상 사람들은 숨을 죽였지요. 당신의 손가락 하나하나에서 발끝까지, 당신의 고운 얼굴에 배어나는 마음속의 아픔까지 공감했습니다. 가슴이 아리도록 파고드는 음률을 온몸으로 표현하는 당신, 눈부신 얼음 궁전의 여왕을 응시하며 황홀함에 우리는 감동의 눈물을 흘렸습니다. 프리스케이팅에서 당신의 동작이 「아디오스 노니노」의 강렬한 탱고 스텝으로 열정과 환희를 표현할 때는 한순간 한순간을 지켜보며 긴장과 전율로 가슴 벅찼습니다. 우리의 자랑, 우리의 딸, 은반의 여왕 연아여, 당신이 있어 진정 행복했습니다.

어느 TV 드라마에서 본 기억이 납니다. 한겨울에 경복궁 향원지에 얼음이 얼면 서양의 외교관들이나 선교사 가족들이 빙판에서 스케이팅을 즐겼다지요. 하루는 명성황후께서 상궁 나인을 거느리고 신기한 광경을 구경하셨답니다. 드라마의 주인공은 신문물에도 밝았던 역관의 딸이었습니다. 아버지가 역관이니 영어회화는 물론 외국인들만 할 줄 알았던 얼음지치기 또한 손꼽힐 정도로 잘했답니다. 고운 두루마기를 입은 조선의 낭자가 만면에 미소를 머금고 서양사람들과 어울려 칼날을 댄 야릇한 모양의 구두를 신고 호반을 빙글빙글 돌아가는 모습을 보며, 황후는 망측하다고 놀라워하면서도 내심으로는 마냥 부러워하던 장면이 생각납니다. 지구가 돌듯이 온 세상이 어지럽게 돌아가던 19세기 끝자락, 몰락해가는 조선왕조의 암울함 속에 황후의 향원지香遠池 스케이팅 구경은 만감이 교차하는 순간들이었을 것입니다. 결코 잊어서는 안 되는 아픈 역사의 매듭 속에 일백 년이 넘는 옛이야기들이랍니다.

어쩌면 당신이 그 한을 풀어드린 것일지도 모르지요. 서양의 강대국과 손을 잡고 일본의 침략을 막아보려던 이이제이以夷制夷의 뜻을 당신도 배웠을 것입니다. 개화의 꿈을 펼치기는커녕 일본 낭인에게 참혹하게 시해된 을미사변乙未事變으로 비롯된 아관파천俄館播遷이 있었지요. 고종이 러시아 공사관으로 피신하여 일 년을 거처하는 동안 러시아의 내정간섭은 심해졌고, 덕수궁에서 대한제국의 탄생을 낳게 되는 계기가 되었습니다. 바로 그 나라, 러시아의 소치에서 열린 동계올림픽 대회는 우연이라기보다는 역사적 필연의 기회였다면 과장일까요. 연약한 동양인의 체구로 서양의 스포츠를 익히기 위해 당신은 얼마나 많이 넘어지고 또 넘어졌을지…. 가톨릭 신자인 선수들이 신부님께 기도와 안수를 부탁하셨다지요. 금메달보다, 은메달보다 오직 넘어지지 않고 다치지 않게 해 주십사고 말입니다. 당신도 마음속 깊이 그렇게 빌고 또 빌며 성호를 그었을 것입니다. 그리하여 두 번의 경기와 마지막 갈라쇼를 가장 아름답고 완벽하게 마무리하면서 우리 모두에게 기쁨과 행복을 선사해 주었습니다.

비록 금이 아닌 은메달이어도 금보다 더한 가치의 빛나는 메달이었습니다. 금메달을 내어준 러시아의 선수에게 손을 내밀어 악수로 축하해주는 당신의 꼿꼿하면서도 상냥한 자세는 여왕의 품위에 잘 어울렸습니다. 선수생활 내내 라이벌이었던 아사다 마오를 향한 마음 비움도 흐뭇했습니다. 경쟁에서 이겨야 할 상대로서가 아닌, 같은 시대를 살아가는 동료로서 서로의 마지막 무대를 따듯한 배려의 마음으로 보듬어주는 열린 마음의 자세는 우리를 마냥 즐겁게 해주었습니다. 태극기 앞에서 4년 뒤의 평창 올림픽을 알리며 손 흔들던, 당신의 마지막 무대였던 갈라 쇼의 장면 또한 오로지 당신을 위한 순간처럼 빛났습니다.

이제 막이 내려졌습니다. 박수갈채 속에 링크를 다시 한번 돌며 손을 흔들고 미소로 답례하는 그 고운 모습을 우리는 오래도록 잊지 못할 것입니다. 마지막 순간까지 온몸을 다해 바친 은반의 무도회에서 당신은 진정한 여왕이었습니다. 잠자리 날개 같은 당신의 의상, 그리고 세상의 어느 누구도 흉내 낼 수 없는 아름다운 몸짓으로 표현한 절제된 언어는 환상 그 자체였습니다. 평화의 메시지를 전하는 존 레넌의 노래 「이매진Imagine」과 함께 세상 사람들이 하나로 어울리며 막을 내린 얼음 궁전의 무도회에서 당신은 영원히 빛날 은반의 여왕이었습니다. 우리의 사랑 김연아여, 아디오스.

『수필문학』 2014 3

한여름의 메리 크리스마스

하얀 새틴 드레스가 눈이 부셨다. 그녀의 검은 살결 때문이었을까 더욱 빛나는 하얀 이를 드러내고 말없이 웃는 어린 소녀에게 손을 내밀었다.

"메리 크리스마스!"

천진한 두 눈망울을 깜빡이던 소녀는 수줍은 듯 갈래머리를 만지작거리더니 엄마의 등 뒤로 숨고 엄마가 대신하여 웃으며 답례를 한다.

"메리 크리스마스!"

아빠는 말없이 미소를 지으며 눈인사를 한다. 남반구의 끝자락에서 맞은 몇 해 전 성탄절 휴가에서 겪은 잊지 못할 장면이다. 남아공의 수도 케이프타운. 온 세상에서 모여든 관광객과 모처럼의 명절을 즐기러 나온 내국인들로 뒤엉킨 워터후론트의 거리는 인종박람회장 같았다. 머나먼 극동에서 온 우리 모습이 그들에겐 더 이상하게 보였을 것이다. '세상에는 검둥이 아니면 흰둥이뿐인 줄 알았는데 저 누리끼리한 사람들은 또 어디서 왔을까' 그들은 분명 그렇게 생각하며 몰려다니는 우리의 모습과 행동들을 구경하는 눈초리였다.

12월 하순으로 접어들어 혹한이 몰려온 한국을 떠날 때는 먼 남국으로의 여정에 부풀어 있기만 했다. 곧이어 다가올 성탄절, 눈 내린 화이트 크리스마스가 아닌 검은 대륙 아프리카의 열대림 속에서 한여름의 휴가를 즐길 수 있는 축복에 감사드리며 마냥 들뜨기까지 하였다. 우리들의 건강이 이 머나먼 여행을 소화해 낼 수 있을지에만 전전긍긍하였다. 하루 이틀 여정이 흘러가며 걱정이 늘어만 갔다. 욕심이 아니었을까 날마다 몸과 마음을 뒤돌아보았고 조심조심 옮긴 발자국들이 무사히 이어졌음은 기적이었다. 칠십 고개를 바라보며 떠난 여행은 마치 순례길 같은 마음 비움 때문에 가능했으리라. 돌아오지 못했다면 어땠을까. 그럴 수도 있었다. 그런데도 떠났던 것은 세상을 조금이라도 더 멀리 보고 싶은 과욕 때문이었을 것이다. 그리하여 지구를 반 바퀴를 돌아와서 나는 무엇을 보고 느끼고 배워왔던가. 가끔은 그것이 허무였음을 아무것도 아니었음을 느낄 뿐이다.

그로부터 벌써 3년이 흘렀다. 꿈결같이 다녀온 길을 되짚어 보곤 한다. 아프리카, 아프리카만 생각하면 마음이 울적해져서 붓끝이 무디어지고 이야기를 적어 내려갈 수 없는 까닭은 비단 모자라는 필력 때문만일까? 그때도 그랬고 지금도 그렇게 그냥 마음이 아프다. 실낙원의 비극을 여기보다 진하게 어느 다른 곳에서 찾으랴. 거대한 대륙을 통째로 빼앗기고 종살이로 전락한 그곳의 진정한 주인들이 하얀 이를 드러내며 활짝 웃던 천사 같은 눈망울이 시간이 갈수록 점점 더 또렷해 온다. 잠베지강의 아름다운 노을, 천둥 치는 소리를 내는 빅토리아 폭포의 장관, 사파리 관광의 긴장, 아굴라스 해변의 이야기들 모두가 다 그들의 것인데, 그들의 것이었는데… 숲에는 먹을 것이 가득하고 땅속에는 금은보화가 숨겨진 낙원을 빼앗긴 그들이 그냥 웃고 있었다. 침략자가 가르쳐준 어긋난 문명의 음식 햄버거를 먹으며 됫병만한 콜라병을 온 식구들이 돌려가며 먹어도 행복한 모습, 그것이 슬프고 아팠다.

그 뜨거운 한여름에 대형 크리스마스트리가 오색찬란하게 장식된 고급 레스토랑에서 우리는 바닷가재 요리를 먹었다는 오만이나 싸구려 연민으로 비롯된 눈물은 결코 아니었다. 서빙을 하는 검은 손의 웨이터들을 단속하는 백인 매니저들의 매를 닮은 눈이 무섭고 두려웠다. 영원히 섞일 수 없는 화이트칼라의 세계를 인정하며 숙

명인 양 살아가야 하는 그들은 과연 누구에게 희생당한 것인가. 스스로에게 잘못을 떠넘기기에는 너무도 순하고 착한 그들. 수백 년 동안의 잘못된 질서를 바로잡기 위해, 인간의 기본적인 권리의 옹호를 위해 투쟁하다 사 반세기가 넘는 무려 27년을 감옥에서 지내야 했던 넬슨 만델라 대통령이 바로 그 해답이 아닐까. 감옥에서도 그는 불굴의 의지로 투쟁을 계속하여 온 세상을 감동시켰고 그를 향한 탄원의 목소리는 결국 그를 최초의 남아공 흑인 출신 대통령으로, 노벨평화상의 수상자로 만들었던 인간 승리의 감동을 역사에 기록하게 하였다.

그러나 흑백 분쟁은 아직도 곳곳에 현실로 남아 있으니 그토록 오랜 세월 동안 맺히고 쌓인 고뇌와 한을 결코 다 풀지 못하고 저 세상으로 간 만델라의 꿈과 이상은 언제나 온전하게 이루어질까. 소수의 흑인들은 백인의 삶 못지않게 누리고 살기도 하지만 아직도 많은 흑인들은 보이지 않는 흑백의 엄연한 사슬을 벗어나지 못하여 신음하며 그들만의 울타리를 넘지 못하고 있지 않는가. 곳곳에 엄격히 제한된 그들만의 검은 거주 지역을 통과할 때는 두터운 유리벽을 의식해야만 했다. 기쁘고 평화가 넘치는 축제의 날, 주님이 오신 날에 그들이 누릴 수 있는 것이라고는 연휴를 이용해 사랑하는 가족들과 함께 공원이나 거리를 구경하며 음식을 나누어 먹는 것이다. 가진 옷 중에 가장 깨끗한 것으로 입고 아이들을 예쁘게 단장시켜서 온 세상 사람들이 모인 거리에 나와 앉아 오가는 사람들을 구경하고 있다. 하지만 그들은 그들만의 축제를 잊을 수 없을 것이다. 둥둥 북소리에 맞추어 온몸을 흔들며 춤추던 아득히 먼 옛날을 그리며 아이들의 밝은 미래를 꿈꿀 것이다.

한여름의 메리 크리스마스, 아프리카의 성탄절이 불현듯 생각난 것은 얼마 전 바티칸의 프란치스코 교황님의 방한으로 비롯되었다. 124위의 순교복자 시복식은 마치 화이트 크리스마스 같았다. 광화문에서 시작된 하얀 물결은 태평로를 지나 서울광장까지 이어졌다. 마치 온 세상이 하얀 평화로 뒤덮인 행복한 하루였다. 신부님들의 흰 수단자락과 여신도들의 미사보가 간간이 부는 바람에 나부끼니 교황님을 통해 주님께서 친히 오시어 주시는 강복인 듯하였다. 온 나라가 감동으로 물결치던 날 그러나 내 마음 한구석에는 머나먼 아프리카, 한여름의 성탄절 축제가 일렁이고 있었다. 어쩌면 그것이 그 머나먼 길을 다녀오며 깨닫게 된 알량한 측은지심의 한 조각인 듯 연민의 눈꼬리가 젖는다. "쿼바디스 도미네? Quo Vadis, Domine? 주님 어디로 가시나이까? 어디에 계시나이까?"

"메리 크리스마스!" 하얀 이가 반짝이는 소녀에게 손을 내민다.

"메리 크리스마스!" 반갑게 다가와 손을 잡는 소녀를 한번 다시 보고 싶다.

이제는 자못 컸을, 수줍어하지 않고 먼저 손을 내밀며 다가오는 활달하고 명랑해진 검은 눈동자의 소녀를 그려본다. 더욱 아름답고 지혜로워질 아프리카나여, 그대를 위해 늘 작은 기도를 바친다오."

수필문학추천작가회 연간사화집 2015

독일 친구들 한국에 오다

십 년이 넘었나 보다, 마지막으로 만났던 기억이. 그때도 서로의 늙음을 확인하며 쓸쓸히 웃었는데 이번에는 더욱 그렇다. 금발의 미남자도 늙으면 저렇구나 생각되며 마음 한구석이 아리다. 가벼운 포옹으로 인사를 나누며 몇 마디 독일어를 더듬거린다. 날씬하던 레지나가 슈미트처럼 뚱뚱해진 것도 서글펐다. 성장한 두 아들과 며느리를 대동하고 동아시아 여행길에 오른 친구들은 40여 년 지기이다. 우리가 독일에 유학했을 때 젊은 날을 함께했고 귀국 후 오랜 시간이 흘렀어도 간간이 오가며 정을 나눈 사이다. 기억을 찾아가는 한 마디 두 마디에 잃어버린 시간과 함께 되살아나는 추억들에 눈시울이 붉어진다.

"막스, 너로구나."

"롤란드, 안녕!"

"크리스티나, 막스의 부인이지! 예쁘다."

우리가 독일에서 살았을 때 그 신산했던 삶이 덮쳐온다. 눈물까지 글썽이는 내게 당황하지 않고 막스와 롤란드는 친숙하게 다가왔다. 서먹한 분위기를 웃음으로 바꾸어주는 녀석들이 마냥 듬직해 보인다. 기저귀 차고 뒤뚱대던 그들의 어린 날이 자꾸만 떠오른다. 어떻게 이렇게 성장할 수 있을까. 청춘의 그들 앞에 나는 추풍낙엽처럼 오그라든다. 늦은 가을 쾰른대학으로 가는 전차를 기다리던 노이막트 광장에 흩날리던 마로니에 잎들처럼.

그들을 공식적으로 초대한 재단에서 베풀어 주는 만찬은 사간동의 유명한 레스토랑에서 열렸다. 전통한옥의 겉모습과는 달리 퓨전양식에 와인이라니… 맛깔스러운 우리의 음식이었다면 더욱 멋진 이국의 첫 밤이 되지 않았을까. 마주 앉게 된 롤란드는 나의 어눌해진 독일어를 다시 일깨워 주며 마치 귀여운 아이 다루듯 한다. 이야기가 꽤 다정해 보이는지 모두 귀를 솔깃해 보인다. 참으로 오랜만에 만났어도 푸근한 대화 속에 저녁을 함께한다는 사실이 무척 흐뭇했다. 서로를 감싼 공감의 울타리 안에 스며든 옛정이 다시 돋아난다. 생명공학을 전공한다는 그에게 미래가 있는 학문이라고 추켜세우며 노벨상에 도전해보라고 했더니 당연하다고 아주 늠름하게 말하여 좌중이 폭소했다. 왜 아니겠는가. 꿈은 반드시 이루어진다. 그는 부단히 노력할 것임을 나는 믿는다.

공식적인 및 자례의 회의나 만남 이후 독일 친구들은 자유 여행을 떠났다. 한국에 대해서 우리가 모르는 분야까지도 속속들이 알고 있는 그들이기에 걱정은 없었다. 그래도 하필이면 소나기가 억수로 쏟아지는 날 아침 수원 화성으로 출발한 그들을 도저히 말리지 못했다. 그들은 약속을 지켜야 했고, 스케줄을 변동할 수가 없었다. 오죽하면 독일인의 철저함을 묘사할 때 독일인이 말하는 500이라는 숫자는 499도 아니고 501도 아니라는 표현이 있을까. 그만큼 정확하고 철저한 정신이 바로 독일 정신이기도 하다. 이제는 국제화 시대에 맞물려 그 대단한 독일 정신도 매우 느슨해졌다고 하지만 뿌리 깊은 민족성은 여전한가 보다.

거센 빗줄기가 걱정되어 몇 차례 통화했다. 융릉 건릉은 물론 용주사까지 둘러보고 비 갠 남쪽으로 계속 내려간다고 희희낙락이다. 목포까지 그곳에서 다시 동쪽으로 다섯 식구가 번갈아 운전하며 남한 일대를 종횡무진으로 달린단다. 양산 통도사까지 거쳐 경주에 이르렀을 때 마침 발생한 강도 5.8의 지진이 그들을 맞이했다. 슈미트는 넉살 좋게 말한다. 세상에 이런 극적인 여행을 다시 또 언제 할 수 있겠느냐며 무사하다고 안심시킨다. 큰 기대를 하고 도착했던 불국정토 서라벌에서 불국사 석굴암도 보지 못하고 돌아옴을 아쉬워만 했다. 신라 천년고도에 언젠가 다시 와서 남산 가득한 불상들과의 만남을 기원하며 서울로 돌아온 한국 방문의 마지막 날은 바로 추석 전날이었다.

명절 전날의 바쁜 상황을 짐작한 친구들은 기발한 아이디어를 전해왔다. 다섯 식구 모두 이번 여행의 정리도 할 겸 온종일 각자 행동을 하다가 저녁에 호텔에 집합한다는 놀라운 내용이다. 롤란드는 자신의 연구 분야를 위한 시장 조사를 위해 테크노마트로, 아직 신혼인 막스와 크리스티나는 고궁을 산책하며 로맨틱한 분위기를 즐기고, 레지나는 물 만난 고기처럼 인사동의 화랑 순례를 한단다. 늙은 슈미트도 용산 전자상가 탐방을 간다더니 반나절도 못되어 SOS를 보내왔다. 세월 이기는 장사가 없음은 동서고금의 진리가 아니던가. 집으로 돌아와 점심을 함께 먹고 차를 마시며 두 옛친구가 세상사를 논하는 동안, 나는 서둘러 전을 부치고 나물을 무치며 이튿날의 차례상을 준비해 두었다.

약속된 저녁 시간이다. 어김없이 정확하게 모여드는 얼굴에 웃음이 가득하다. 밥이나 제대로 먹고 다녔느냐며 과일바구니를 들고 간 나의 노파심이 무색하다. 더도 덜도 말고 한가위만 같으라는 말이 생각났다. 명절 밑이어서 가는 곳마다 떡이 있고 골목마다 부침개며 전이 있어 이렇게 배가 부르다고 롤란드가 재롱을 떤다. 우리 이제 이별주나 마시자며 발랄한 젊은 형제들이 앞선다. 청사초롱이 가득히 매달린 인사동 어느 주점에서 익숙하게 모듬전을 주문한다. 쌀 막걸리, 밤 막걸리, 산수유 막걸리 등 종류별로 다 마시며 그들의 한국 방문을 다시금 축하하고 기뻐하며 외쳤다.

"이것이 진짜 한국 맛이야. 우리들의 행복했던 한국여행이여, 건배!"

롤란드가 내게 윙크를 한다. 나도 그에게 엄지손가락을 치켜 보였다.

『수필문학』 2017 1-2

작가세요?

"어떻게 오셨어요?"

"예, 눈이 침침해서요. 책을 읽어도 그렇고 글이라도 몇 줄 쓰려면 아주 불편해요."

"작가세요?"

그렇다고도 아니라고도 대답을 하지 못했다. 아니, 안 했다.

이제 갓 의사가 된 듯한 새파란 인턴이 머리 허연 노인에게 문진하는 태도에 마음이 무척 상한다. 섭섭함과 노함으로 그냥 입을 다물었다. '작가' 이 지구상에는 훌륭한 문학작품을 써서 인류를 위해 공헌한 위대한 작가들이 얼마나 많은가. 저렇게 함부로 물어볼 일이 아니다. 자격지심인가 피해망상증인가 잠시나마 복잡 미묘한 심정이 되었다. 옆집 아줌마도 뒷집 할머니도 작가라는 비아냥이 가득한 우리 문단의 현실이 한몫을 하기도 했다.

'할머니, 바로 당신이 바로 그런 작가네.'

그렇게 빈정거리는 소리로도 들렸다. 내가 대답을 하건 안 하건 그녀는 예비 진단자로서 환자를 위한 차트 작성에 충실하다. 근거리 작업 증후군이라는 생경한 이야기를 듣고 이런저런 검사의 안내를 받기까지 시종 불쾌했다. 그러나 어찌할 것인가, 내 눈이 부실해서 찾아온 병원이 아닌가.

근년에 들어 무척이나 눈이 피로하다. 돋보기를 사용하게 된 지도 이미 오래다. 난시도 있다. 다초점 렌즈의 안경을 쓰면 좀 편할까 싶었다. 그것도 역시 늙어가는 몸에는 도움이 안 되는 듯 시간이 흘러가니 마찬가지로 불편하다. 세월 이기는 장사가 있으랴. 핑계 김에 책도 밀어놓고 컴퓨터도 멀리하게 된다. 드디어 TV 화면을 안반만큼 넓혀서 커다란 바보상자와 마주 앉은 노인이 되었다. 오늘은 A종합병원 안과에 한 달 전부터 예약을 한 날이다. 혹시 백내장이나 녹내장 아니면 그보다 더 위험해서 자칫하면 실명할 수도 있다는 노인성 황반변성 현상이나 아닐지 밤새 잠도 이루지 못했다. 피곤한 눈으로 병원에 도착하니 대기실은 이미 몇 십 명이 넘는 듯 만원이다. 호명하는 대로 예진에 수납을 거쳐서 정밀검사를 하는 동안 몸도 마음도 다 고되다. 휠체어나 보호자에 이끌려서 힘든 행보를 하는 환자들 사이에서 가슴을 쓸어내린다. 스스로 걸어서 여기저기 묻지 않고 조용히 검사를 마치면서 안도의 한숨을 내

쉰다. 이 정도의 건강은 또한 언제까지일까. 어머니 말씀대로 '가마솥에서 옹솥가기'도 안 되는 세월의 흐름인 것을.

예진에 이어진 시력검사는 너무 사람이 많아 마치 신체검사장 같다. 안경을 쓴 상태나 벗은 상태에서 이런저런 검사를 한 다음 양쪽 눈에 물약을 넣고 동공을 확장하게 하는 동안 반시간을 기다리게 한다. 약간의 작열감이 있을 수도 있다는 주의사항을 들어서인지 눈이 좀 쓰라리다. 무슨 증세일까 자못 걱정된다. 한참 동안의 대기 끝에 암실처럼 어두운 검사실로 안내된다. 안구검사를 위한 기계에 얼굴을 밀착시키기 위해 턱과 이마를 바짝 밀어붙인다. 의료기사가 시키는 대로 두 눈을 동그랗게 뜨고 렌즈 한가운데의 붉은 점을 응시하며 사진을 찍는다. 이어서 순간 센 바람을 불어넣어 안압을 측정하기도 했다. 비교적 건강하게 살아온 덕에 이런 복잡한 검사들을 받는 기분이 별로이지만 어쩔 수 없지 않은가. 그나마 이렇게 큰 전문병원에서 정밀검사를 받을 수 있음에 감사하자며 수시로 눈을 감았다가 떴다를 반복하며 긴장한다. 백내장이 왔나? 녹내장은 아닐까? 시력을 잃을 수도 있다는 황반변성까지 노인의 대표적인 세 가지 증상을 오가며 아주까리 침통을 흔드는 마음이 씁쓸하다.

드디어 모든 검사가 끝나고 교수님의 최종 진단을 위한 방으로 안내된다.

아주 깍듯하게 인사를 하며 의자를 권하는 중년의 여의사, 환자를 대하는 매너에 우선 마음이 놓인다. 우려했던 백내장이 약간 와 있는 상태이지만 녹내장도 다른 어떤 증상도 없고 연세보다 시력도 좋은 편이라고 안심을 시킨다. 곧바로 수술을 시켜서 단시간 내에 시력을 좋게 하는 안과도 있겠지만, 이 병원에서는 응급이 아닌 경우 얼마 동안 병의 진행과 치료를 병행한다고 했다. 혹시 진행이 빨라지는 백내장이라고 확인이 되면 수술을 해야 하지만 평생 수술 없이 살 수도 있다고 조근조근 설명을 해준다. 어쩐 일일까, 예진 때 나를 노엽게 만들었던 인턴의 당돌한 질문으로 경직되었던 기분이 봄눈 녹듯이 사라지는 것은. 아니 어쩌면 근거리 작업 증후군 옆에 '작가'라고 조그맣게 메모를 해두었을까. 그 덕에 내가 이렇게 대접을 받는 것인가 생각하니 오히려 좌불안석이다. 섭섭하던 마음이 이렇게 쉽게 뒤집어지니 사람 마음이 이리도 간사한가.

석 달 후로 진찰 예약을 받고 돌아왔다. 의사의 처방대로 백내장 진행을 완화하는 물약을 두 눈에 넣고 한참을 누워 쉰다. 천국과 지옥이 따로 없음을 작은 일에서도 깨닫는다. 피로한 눈에는 초록색이 좋다고 하신, 지금은 저세상에 계신 아버지 말씀을 생각하며 거실 한편의 관엽식물이라도 바라본다. 봄이라 그런지 나날이 새잎이 늘어나는 모습들이 마냥 대견하다. 며칠 전에는 보지 못했던 호접란의 두툼한 잎 뒷면에서 어느새 꽃대가 불쑥 올라와 있다. 고맙고 대견해서 옷깃을 여미게 된다. 나도 이젠 어쩔 수 없이 어머니를 닮아 자연 숭배자가 되나 보다. 지난겨울 베란다에서 거실로 들여놓으며 큰 줄기를 뭉텅 잘라 순지르기를 했던 뱅골 고무나무도 보란 듯이 곁가지를 치고 연둣빛 새잎을 내민다. 초록빛 식물들은 자신의 삶으로 주변을 정화하고 미화시켜 주는데 나는 하릴없이 돋보기를 고쳐 쓸 뿐 속수무책이다. 개울을 나무라랴, 심 봉사 내 눈먼 한탄하듯 내 탓이오가 맞는 말씀이다.

오늘 그 젊은 인턴의 당돌한 질문은 나를 때리는 죽비라고나 할까. 섭섭하지 말고 노여워하지 말자. 겨우내 움츠리다가 봄 햇살과 물 몇 모금으로 새잎을 내밀고 꽃대를 세우는 아름다운 삶을 배우자. 성인군자도 꽃을 보며 웃었다고 하신 어머니 말씀도 되새기며 눈에 앞서 마음 치료부터 해야겠다.

"작가세요?"

다시 그 젊은 인턴이 똑같은 억양으로 물어도 이제는 한결 부드럽게 들릴 것 같다.

세상만사 일체유심조라고 하지 않던가.

『문학시대』 2018 봄

예쁘다 할머니

정기검진을 마치고 약국에 들러 삼 개월 동안 복용할 약을 찾아오는 길이다. 이 삼복더위에도 병원은 초만원이어서 기다리다 많이 지쳤는지 뙤약볕에 몇 걸음 더 걷는 것조차 힘들다. 늘 이용하던 노약자용 엘리베이터를 타려면 다시 언덕으로 한참을 올라가야 하는데 그것도 버겁다. 차라리 건널목을 지나서 얼른 시원한 지하철을 타려는 생각뿐이다. 그러나 얕은꾀를 넘보듯 몇 행보 빠름보다 더한 일이 나를 기다리고 있었다. 한 아리따운 아가씨가 큰 트렁크를 세워 놓고 지하로 내려가는 긴 계단을 내려다보며 우두커니 서 있다. 그 곁에 나란히 서게 되니 짐작되는 바가 있다. 오지랖 넓은 이 할멈이 그냥 지나칠 리 없지 않은가.

"아니 이 무거운 트렁크를 들고 어떻게 이 긴 계단을 내려가려고. 저리 길을 건너가서 올라가면 엘리베이터가 있어요. 그렇게 가면 한결 수월할 텐데."

까만 눈을 동그랗게 뜨고 유심히 듣던 아가씨가 더듬거리며 대답을 한다.

"감사합니다. 그런데 저기 엘리베이터야? 나 6번 타야 되는데…"

외모는 더없이 말쑥한데 어디가 아픈가 싶어서 고개를 갸우뚱하며 그녀를 다시 바라보았다.

'그렇구나. 여기가 대학 근처이니 외국인 유학생인가?'

서투른 한국어로 대답하는 모양이 외국 학생이라고 눈치를 챈 나는 신나는 일거리나 찾은 듯 내 아픈 것도 잊어버린 채 아가씨를 다그친다.

"이리 와요. 내가 가르쳐줄게."

나의 서투른 영어를 섞어서 대화를 이어가며 함께 엘리베이터를 향해 뙤약볕 아래를 걸었다.

"감사합니다, 감사합니다."

거듭 고개 숙여 인사를 하랴 트렁크를 밀랴 당황해하는 모습이 볼수록 예쁘다. 몇 걸음 아끼자고 계단으로 내려가다가 이 아가씨를 만나서 더 긴 걸음을 하게 되었다. 옷깃만 스쳐도 인연이라는데 오늘 하루 작은 일이나마 선한 구석으로 가야하리.

바로 지난주에 돌아온 외국 여행 중의 곳곳에서 나는 또 얼마나 많이 길을 물었던가. 아찔하던 여러 가지 에피소드까지 보태어져 더욱 친절하게 안내해 주리라고 마음먹는다. 어디서 왔느냐는 나의 물음에 홍콩에서 왔다고 한다. 영국의 오랜 지배를 받았던 홍콩에서 온 아가씨가 영어를 한다는 것은 당연한 사실임에도 나의 부족한 영어 실력이 그녀의 한국어 실력만도 못하니 좀 부끄럽다. 전철을 타는 방향이 같을 뿐 아니라 내가 내리는 공덕역에서는 김포공항으로 가는 공항선까지 연결되어 있다. '웬 할머니가 이리도 친절할까' 혹시라도 의심한다거나 불안해할까 싶어 핸드폰으로 교통지도까지 보여주며 가르쳐 준다. 그녀는 마치 친할머니 따라오듯 쫄랑쫄랑 뒤따르며 거듭거듭 고마워한다. 그녀의 한국어 실력이나 나의 영어 실력이나 비등해서 그런대로 섞어서 소통하며 재미있게 공덕역까지 왔다. 교환학생으로 온 줄 알았더니 며칠 동안 일본 여행을 마치고 사흘간의 서울 여행에 이어 제주도로 가려고 김포공항으로 간단다. 이제는 내 편에서 깜찍한 이 아가씨의 정체가 자못 궁금하고 의심스러워졌다. 이 더운데 왜 무거운 가방을 끌고 혼자서 여행을 하느냐고 조심스레 물었다. 그녀는 사회학을 전공하는 홍콩의 대학생이며 함께 오기로 했던 남자친구가 갑자기 일이 생겨 혼자서 왔노라는 당찬 이야기에 더는 묻지 않았다.

친구와의 교신인지 수시로 스마트폰의 자판을 다루는 속도가 범상치 않다. 한국어도 읽을 줄 알아서 내가 이야기해 주지 않아도 정거장 확인쯤은 척척이다. 그럴 것이다. 젊은 아가씨 혼자서 일본을 거쳐 한국을 돌아보고 다시 홍콩으로 돌아가는 여정이 어디 그리 만만할 것인가. 한가한 노파와의 답답한 대화 몇 마디는 친절에 대한 화답일 뿐이리. 나도 그만큼의 세상 경험은 있기에 혹시라도 그녀가 의심하거나 경계하지 않도록 정거장 수를 헤아려 주며 안심시키는 정도였다. 공덕역에서 함께 하차했다. 스마트폰의 지하철 안내지도를 보여주며 공항선을 찾아 따라가서 끝까지 안내해 주었다. 4개의 환승선이 교차하는 공덕역은 초행인 사람에겐 공항의 비행기 탑승구 찾기만큼 복잡하다. 엘리베이터를 두 번이나 갈아타고 지하 5층의 공항 방향의 플랫폼까지 안내하니 이 아가씨는 거푸 허리 굽혀 절을 하며 고마워한다. 나는 그저 네가 어린 손녀딸 같아서 안내했을 뿐이라고 손사래를 치는데 "할머니 아니야, 아줌마야."라고 나를 웃게 만든다. 서울역에서 출발해서 김포공항을 거쳐 인천공항까지 가는 전동차를 함께 기다리며 서 있는데 그녀는 작은 배낭을 한참을 뒤지더니 조그만 과자 하나를 꺼내어 내게 준다. 그러면서 하는 말이 정말 더 우스웠다.

"귀한 과자를 주어 이 할머니는 참 좋다."고 대답하니

"정말 감사합니다. 예쁘다 할머니!!"를 거듭하며 차를 타는 그녀에게 손을 흔들어 주었다.

"그래 너도 예쁘다, 외국인으로 문법에 맞지 않은 말이 문제이랴 그 마음이 더 곱구나."

30여 분이 넘게 길 안내를 한 뒤에 그녀가 탄 차가 떠나고 전철 역사를 나서서 몇 발자국을 걸으니 삼복염천에 땀이 비 오듯 흐른다. 유구 열도의 명물이라고 쓰인 부스러진 과자 한 개. 무엇이라도 뒤적여 감사의 마음을 표시한 그녀를 다시 생각한다. 중국의 여대생이 오키나와를 방문해서 유구 열도의 역사와 문화를 사회학을 공부하는 예리한 시선으로 관찰하였을 것이다. 그 옛날에는 조선에도 조공을 바치던 섬나라가 지금은 일본 영토이나 2차 대전 후에는 미군이 진주하여 마치 미국처럼 변화한 그곳이 아닌가. 당찬 의지로 그곳의 역사와 문화를 통한 사회상을 자세히 헤쳐 보았을 것이다. 작금에 중국과 일본 사이의 뜨거운 감자로 부상하고 있는 센가꾸 열도에 대한 그녀의 의견은 어떨까. 그냥 마음이 끌려서 간단한 길 안내는 했지만 묻고 싶었던 여러 가지에 생각이 많아진다. 세상엔 왜 이렇게도 많은 언어가 존재해서 세상 사람들이 서로 쉽게 하나 됨을 어렵게 하는가. 오해와 편견으로 반목하며 전쟁도 불사하게 되는 것 또한 언어와 문자소통의 어려움으로 인한 것들이 얼마나 많은가. 성서에 기록된 대로 하늘 높이 탑을 쌓으려는 인간의 교만을 벌하신 바벨탑의 무너짐으로 단정해야 할까. 잠깐의 길 안내를 통한 친절쯤은 '예쁘다 할머니'로 웃어넘길 수 있지만, 그것이 학문과 정치와 경제 교역으로 이어질 때 언어는 얼마나 복잡 미묘한 해석으로 둔갑하던가.

헤어질 때의 인사와 감사함에 대한 중국어를 두세 번 들었건만 다시 흉내도 못 내겠다. 이 늙은이에게 그녀가 말해준 최고의 인사였을 '예쁘다 할머니'의 수준으로라도 구사하려면 얼마나 오랫동안 연습을 하며 노력을 기울여야 할까. 어쩌다 튀어나온 일본어 실력도 수준급이어서 나를 놀래준 이 작은 아가씨의 달란트는 어디까지일까. 짧은 인연에 긴 생각이 이어지는 무더운 날이다. 그러나 스쳐 지나간 만남이라도 한국의 좋은 할머니라는 인상을 느끼고 가는 듯하여 다행이다. 부디 아름다운 제주의 풍광에 여행을 잘 마무리하며 그곳에서 또 다른 좋은 인연을 만나게 되기를 기도하는 마음이다. 언젠가는 그녀도 '예쁘다 할머니'가 아니라 '할머니 마음이 예뻐요.'라고 어렵지만 반듯한 한국어로 인사할 수 있으리.

『에세이스트』 2017 9-10

잃어버린 봄

꽃샘추위라 그럴 게다. 좀 견디면 봄이 오려니 기다리자 했다. 봄바람은 님 죽은 바람이라던데 그렇게 무서운 줄은 몰랐다. 옷깃을 젖히며 품속으로 파고든다고 했다. 살을 에는 냉기는 고뿔이 되어 신열이 불덩이다. 온 지구가 몸살이다. '내 손톱 밑의 가시가 남의 염병만 하랴?' 하시던 옛날 어른 말씀처럼 강 건너 불처럼 바라보던 우한 폐렴이 이제 지구촌의 모든 인류가 겪는 아픔이 되었다. 내 발등에 불이 떨어진 뒤에야 뜨거운 아픔을 외친다.

2020년 2월 2일 오후 2시. 23번째 신종코로나 바이러스 국내 감염확진자인 중국 여인이 롯데백화점을 나온 시간이다. 한 시간 후 그녀가 방문한 대형 마트에서 내가 장을 보고 나온 시간이기도 하다. 가슴을 쓸어내린다. 그녀는 무려 8명의 친구와 함께 2시간 동안이나 매장에 있었다는 질병관리본부의 발표에 거듭 놀란다. 내가 만일 오후에 장을 보았다면 그녀들과 함께 앞서거니 뒤서거니, 옷깃을 스치며 코로나바이러스에 노출되지 않았겠는가.

며칠 후 마트의 점포 휴점 광고가 붙고 출입구엔 방송 사진기자들이 몰려 있다. 그 중국 확진자가 다녀간 다음 나는 두 번이나 더 장을 보았다. 그녀가 끌고 다녔을지도 모를 카트를 사용해서 물건을 사 담으며 시간여를 보냈다. 곧 재채기가 나고 발열 상태로 이어지는 듯 공연히 헛기침이 나서 슬그머니 이마를 짚어 보기도 한다. 역학조사는 어떻게 어디까지 하는 것일까. 사후 약방문 같은 확진자의 동선을 검색해보며 꽃소식도 마다하며 두문불출 손 씻기에 몰입한다.

환경전문가들에 의하면 코로나바이러스성 질환은 인간의 무분별한 자연파괴가 그 원인이라고 주장하기도 한다. 바이러스의 숙주인 야생동물의 서식지를 훼손하는 생태계 교란으로 인한 작금의 전염병은 엄청난 전파력으로 인류를 공격하고 있다. 중세시대 유럽 인구의 삼분의 일을 희생시킨 페스트보다 더한 역병이라고 한다. 21세기 문명사회의 코로나바이러스는 육해공의 모든 교통수단을 통해 날아다닌다. 스치기만 해도 만지기만 해도 전염된다. 재채기나 기침은 직격탄이다. 마스크 쓰기와 사회적 거리 두기밖에는 약도 없는 이 공포의 바이러스를 어떻게 퇴치할 것인가. 수년 전에 전 세계를 강타했던 사스나 메르스는 비교도 안 되는 상황이라고 의료계는 경악한다. 과학이 발달하고 신약의 개발과 더불어 의술이 놀랍도록 발전한 오늘날에 이 가공할 미물의 존재에 온 세상이 주저앉을 듯하다. 감염확진자의 숫자는 오대양 육대주를 넘나들며 무섭게 늘어난다. 혹시 어느 외계인이 다녀간 자취인가 싶도록 갈수록 미궁에 빠져 온 지구가 허덕인다.

우한의 폐렴 원인 바이러스가 WHO에서 'COVID-19'라고 공식적으로 명명될 무렵 대한민국의 코로나바이러스 사태는 걷잡을 수 없는 국면이 되었다. 신천지교회의 신자인 31번째 확진자를 시작으로 대구, 경북의 집단감염은 들불처럼 퍼져 나갔다. 불과 며칠 사이에 기하급수적으로 늘어난 확진자의 숫자는 우한의 유령도시를 연민할 상황이 아닌 발등의 불이었다. 몇 백이 몇 천을 향해가는 악화일로였다. 의료진의 헌신, 행정 당국의 수고도 한계에 달한 듯 격무에 시달리는 사투 현장은 눈물겨웠다. 정부의 지침을 따르며 차가운 봄비를 맞으면서도 마스크를 사기 위한 줄서기를 통해 몇 시간이고 묵언으로 참고 견딘 대구 시민의 질서 의식과 성숙한 시민 정신을 존중한다. 시시각각 늘어나는 확진자를 수용할 병동이나 의료물자의 부족 등 모두가 지치고 힘든 중에 각처에서의 후원은 눈물겨웠고 감동적이었다. 그중에도 전 세계가 부러워하는 빠르고 정확한 진단

키트의 연구개발은 자랑스러운 업적이다. 감염 위험도가 적고 물자와 인원과 시간이 절약되는 '드라이브 스루' 활용의 선별검사 또한 가히 천재적 발상이 아닌가. IT강국 대한민국의 유전자가 빛을 발하여 COVID-19의 퇴치를 위한 큰 역할을 수행할 수 있기를 기원할 뿐이다.

유럽과 미주 발 해외통신도 코로나바이러스로 가득하다. 온 유럽이 만신창이다. 바티칸의 성베드로성당 앞 광장이 텅 비어 있다. 이제 이탈리아의 상황은 바로 얼마 전의 우한을 넘어섰다. 베르가모 시에는 장례를 치를 수 없도록 사망자가 늘어나서 시체가 담긴 관들이 줄지어 겹겹이 놓여 있다. 유럽연합으로 단결되어 하나의 화폐 유로를 통해서 국경도 없이 한 나라처럼 살던 구라파가 양차대전이 무색하게 들끓으며 나라마다 국경을 봉쇄한다. 스페인의 한 요양원에서는 죽어가는 환자가 두려워 도망가는 의료진이 생겼으니 히포크라테스의 선서보다 무서운 코로나가 아닌가. 어느새 미국으로 날아간 바이러스는 뉴욕을 강타하고 미국의 감염 확진자 지도는 벚꽃 만발한 문명의 도시를 핏빛으로 물들였다. 연방정부에 의료 물자를 호소하는 뉴욕시장의 절규나 이탈리아와 스페인 독일의 총리와 프랑스 대통령이 국민에게 보내는 메시지는 한결같다. 바이러스 감염확산을 막기 위한 호소 '사회적 거리'이다. 국경과 인종을 초월하여 온 인류가 힘을 합하면 바이러스를 이겨낼 날은 반드시 올 것이다. 당분간 일상의 불편함은 참아야 한다. 물질적 손실이나 명예도 건강을 잃으면 그 모든 것을 다 잃는 것이 아닌가.

꽃들이 혼자서 피고 진다. 꽃들을 쳐다볼 염치도 없다. 어쩌면 그들은 우리 인간들을 비웃는 듯하여 부끄럽다. 우리는 그동안 너무 많은 자연을 파괴하며 문명을 이룩하고 온갖 풍요로움을 누렸다. 인간의 욕심과 자만으로 눈여겨보지 못한 것이 너무 많았다. 이제 우리는 달라져야 한다. 이 엄청난 일들을 겪고도 깨달음이 없다면 우리는 영영 저 미물 COVID-19만도 못하다. 마스크로 얼굴을 가리고 손이 닳도록 또 씻는다. 어서 이 무서운 들불이 잦아져서 아픔이 하루라도 빨리 치유되도록 지구촌의 모든 인류가 서로 도와야 한다. 병든 지구를 건강하고 아름답게 만들기 위해 더욱 노력해야 한다. 생각하는 동물 만물의 영장인 지혜의 호모사피엔스로 다시 우뚝 서야만 한다.

봄은 꼭 다시 올 것이다, 황무지를 딛고 일어나서.

『한국수필』 2020 5

류시의 작은 정원, 노을공원에 다시 태어나다

폭염 속에 노을공원을 찾았다. 드넓은 잔디밭이며 곳곳의 원두막에는 사람 하나 없다. 너무 더워서인지 매미 소리도 숨죽은 듯 무더위가 계속된다. 그 속에 내 아이들, 나의 꽃과 나무들이 잘 살아 있으려나 궁금하여 둘러보고 싶은 참에 서부공원녹지사업소로부터 연락이 왔다. 공원에 기증한 수목과 풀꽃들에 대한 감사를 전하겠다는 내용이었다. 지난봄 이십 년을 운영했던 원예치료정원 '류시원'을 정리하면서 이곳에 많은 수목을 기증했다. 작은 풀꽃에서부터 회양목, 영산홍을 비롯한 관목류와 목련 매실나무 등 오랜 세월을 자식처럼 아끼던 모든 것을 고스란히 이곳으로 옮겨왔다.

"귀하께서는 나눔과 봉사를 몸소 실천하여 애써 가꾼 나무의 기증을 통해 서울의 푸른 도시 조성 및 노을공원 경관 향상에 기여하였기에 감사장을 드립니다."라는 내용의 감사장과 감사패와 더불어 노부부의 장수와 건강을 기원하는 청려장菁藜杖 한 쌍도 선물로 받았다. 이어서 사업소장을 비롯한 담당 직원들과 함께 현장답사에 나섰다. 기증을 기념하는 작은 팻말 앞에서 인증 샷도 남기며 담당 기관으로부터 예우를 받았다고 생각된다. 무엇보다도 '이곳은 의왕시 백운호숫가에서 운영하던 원예치료정원 류시원流始園의 나무들과 풀꽃들을 기증한 곳입니다. 천만 시민의 쉼터인 노을공원에서 몸과 마음의 녹색치유와 더불어 아름다운 시간과 꿈을 담아가시기 바랍니다.'라는 내용의 표지판은 그동안의 내 응어리진 마음을 봄눈 녹이듯 달래주었다.

어느 누가 진정으로 나눔과 봉사를 할 때 공치사를 목표로 두겠는가. 나무를 기증할 때 칭송이나 대가를 받으려고 한 일은 결코 아니다. 내 자식들, 아들딸처럼 사랑으로 기르던 푸나무들을 내어주며 무슨 대가를 바라랴. 하물며 몇 푼의 돈으로 팔려가지 않고 서울 시민의 쉼터인 노을공원 한 부분에라도 끊임없이 피고 지는 꽃동산을 이루기 위해 기증했다면 더 무엇을 바라겠는가. 그러나 세상은 내 마음 같지 않아서 색안경을 끼고 보는 사람도 있었다. 반대급부를 바라거나 선행을 빙자한 홍보 효과를 바라는 일도 비일비재한 현실 속에서 의구심 섞인 비아냥도 더러 받았다. 칼바람 부는 이른 봄부터 작업에 들어간 이식과정이 어쩐 일인지 순조롭게 진행

되지는 않았다. 식목일이 지나도록 가식 장소에 방치된 나무들을 볼 때 섭섭함이 쌓여 갔다. 온난화 현상도 한몫을 해서 마대 안에 담긴 채로의 풀꽃들은 심겨질 때를 잃어버렸다. 바닥으로 눕혀진 쪽으로는 썩어가고 햇빛을 보는 쪽으로는 마대를 뚫고 눈물겨운 싹을 내밀고 있었다. 봄이 얼마나 빨리 가는지를, 봄에 우리는 얼마나 부지런해야 하는가를, 바라다 볼 뿐이었다. 이미 내 품을 떠난 자식들이 아닌가. 그래도 나의 작은 풀꽃들은 나의 뜻을 버리지 않았고 인내하며 뿌리를 내리고 잎을 키워내었다. 감사하다. 자연의 위대함에 머리를 숙일 뿐이다.

애초에 난지도 쓰레기 동산이었던 이곳이 초록의 숲으로 서울 시민들의 힐링을 위한 생태공원으로 바뀌기까지는 얼마나 많은 애환이 있었을까 미루어 짐작할 뿐이다. 평화의 공원, 하늘공원, 노을공원, 난지천공원과 난지한강공원으로 이루어진 월드컵공원이 방대한 면적의 초록빛 숲으로 다시 태어난 이곳은 이제 수도 서울의 녹화사업에도 한 축을 이룬다. 지난 2002년 6월 서울 월드컵경기장의 함성처럼 정녕 세계문화유산등재운동의 염원이 이루어지도록 기원하는 마음이다. 천만 시민이 버린 생활 쓰레기와 산업폐기물 동산위에 기적처럼 이루어진 이 인공의 숲은 하루아침에 이루어진 일이 아니다. 쓰레기 매립지에서 발생하는 침출수와 그로 인한 악취가 오죽했으랴. 특히 노을공원과 하늘공원은 하늘처럼 높이 쌓아 올려 전 세계적으로 유례없이 높은 95미터의 높이였고 층층이 다져진 쓰레기가 썩으면서 발생하는 가스와 침출수 문제 해결은 서울시의 큰 숙제였다.

반세기 가까운 세월이 흐르는 동안 지속적인 정화사업과 녹화사업으로 이제는 천만 시민이 사랑하는 녹색 치유의 공간으로 변모되었다. 난초蘭草, 지초芝草 아름답게 피어나던 그 옛날의 난지도로 환원될 날이 머지않은 듯하다. 무엇이 이것을 가능하게 했을까. 매립지가 무너져 내려가는 비탈진 언덕에서 추위와 더위를 가리지 않고 말없이 봉사하는 시민들이 있었다. 대기업에서부터, 크고 작은 일터와 개인들까지 수많은 자원봉사자들이 정기적으로 나무를 심고 풀씨를 뿌리며 힘을 합해 오고 있다. 우리 모두 힘을 합하면 무엇을 이루지 못하랴. 더없이 향기롭고 아름다운 꽃과 나무들을 키워 푸른 서울을 위해 모든 시민이 한마음이 된다면 낙원은 더 빨리 이룩되고 잘 지켜질 것이다. 어느새 풀숲에는 새들이 지저귀는 보금자리가 생겨서 아름다운 날개의 꿩도 날아다니고 이름 모를 나비와 새들의 천국이 되어가고 있다. 천만 시민이 버린 쓰레기 더미 위에 생태계가 복원되고 있는 이 기적을 위해 오늘도 애쓰고 봉사하는 모든 사람의 뜻이 아름답게 꽃피워지기를 바라는 마음이다.

죽을 것처럼 말라가던 잎들이 다시 피어나 이 삼복더위에 꽃을 피우고 열매를 달았다. 나의 꽃 같은 딸들이 험하고 먼 데로 시집와서 뙤약볕에 애를 쓰는 모습이 눈물겹다. 나도 자주 호미 들고 올라와 보리라. 승리를 상징하듯 보라색 꽃대를 피워 올리는 비비추가 나를 보고 웃는다. 이제 옥잠화의 눈부신 향기도 맹꽁이차를 타고 지나는 시민들에게 향기 치료를 마련해 줄 것이다. 맥문동이 아리잠직한 시골 여인처럼 연보랏빛 꽃대를 올리면 하늘이 조금은 높아지고 바람도 선선하리라. 나의 풀꽃 나무들이여, 멀리멀리 퍼지고 땅속 깊이 뿌리내려 흔들리지 않는 나무가 되어라. 향기로운 꽃이 되어라.

『수필문학』 2016 8

金相芬 수필집
류시의 녹색글방

2020년 10월 5초판 인쇄
2020년 10월 10초판 발행

지은이 / 金相芬

발행인 / 강병욱
발행처 / 도서출판 교음사

03147 서울 종로구 삼일대로 457 수운회관 1308호
Tel 02 737-7081, 739-7879Fax
e-mail : gyoeum@daum.net
등록 / 제2007-000052호

* 잘못된 책은 바꿔 드립니다. 값 12,000원

ISBN 978-89-7814-798-9 03810